SÉDIR

—

LETTRES MAGIQUES

PARIS

ÉDITION DE *L'INITIATION*

SOCIÉTÉ D'ÉDITIONS LITTÉRAIRES ET ARTISTIQUES
Librairie Paul Ollendorff
50, RUE CHAUSSÉE-D'ANTIN, 50

—

1903

Lettres Magiques

OUVRAGES DU MÊME AUTEUR

Le Messager céleste de la Paix universelle, traduit de l'anglais de Jeanne Leade, br. in-18.

Les Tempéraments et la Culture psychique, d'après Jacob Bœhme, br. in-18.

Le Gui et sa philosophie, traduit de l'anglais de P. Davidson, br. in-16 (épuisé).

Les Miroirs magiques, br. in-18, 2e éd.

Les Incantations, vol. in-18, avec schémas.

La Création, théories ésotériques, br. in-8.

Theosophia practica, trad. de l'allemand de Gichtel, vol. in-8 carré, fig. en couleurs hors texte.

L'Almanach du Magiste, années 1894 à 1899, br. in-18 (en collaboration avec Papus).

L'Esprit de la Prière, trad. de l'anglais de William Law, br. in-8.

Pensées de Gichtel, avec une notice biographique, trad. de l'allemand, br. in-8.

Les Plantes magiques, vol. in-18.

La Vie, les Œuvres et la Doctrine de Jacob Bœhme, avec portrait, br. in-18, 2e éd.

Éléments d'Hébreu, d'après Fabre d'Olivet, br. in-18.

SÉDIR

LETTRES MAGIQUES

PARIS

ÉDITION DE *L'INITIATION*

SOCIÉTÉ D'ÉDITIONS LITTÉRAIRES ET ARTISTIQUES

Librairie Paul Ollendorff

5o, RUE CHAUSSÉE-D'ANTIN, 5o

—

1903

PRÉFACE

Mon cher Sédir,

Suivant votre coutume, vous ouvrez encore une nouvelle voie aux adaptations de l'occulte. Jusqu'à présent, nos traités indigestes et techniques ont rebuté beaucoup de lectrices. Il fallait donner à l'aridité des sujets mystiques l'adaptation littéraire que nul, mieux que vous, n'était capable de réaliser.

Vous avez essayé, et du premier coup, vous avez réussi au delà de toute espérance dans les pages suivantes.

Si vous ramenez à l'idéalité quelques âmes de plus, vous savez que votre récompense sera assez grande pour qu'il me soit inutile de vous accabler d'éloges superflus. Celui qui a fait son devoir a bien mérité du ciel et j'ai été toujours heureux de trouver en votre amitié l'appui dans les luttes et l'assistance dans l'effort commun. Il ne nous reste plus qu'à vous souhaiter la seconde édition augmentée encore de ces « séduisantes lettres magiques » qui paraissent aujourd'hui. En attendant, croyez-moi toujours votre vieux camarade.

PAPUS.

PROLOGUE

Mon ami Désidérius, mort il y a de longues années, était un personnage fort bizarre, si l'on veut désigner de ce mot une originalité d'une logique implacable qui ne consulte qu'elle-même pour se conduire dans l'Univers. Il était né pauvre, mais son application précoce et son intelligence des affaires lui permirent de réparer assez vite cet oubli des bonnes fées ! Comme je le vis, au collège, désorienter la routine pédagogique, de même continua-t-il dans la vie à taillader les quinconces et à saccager les parterres de ce beau parc qu'est la bourgeoisie moderne. Lassant la rouerie comme le formalisme, il allait toujours au but par une combinaison d'aspect puéril, et personne ne voyait l'acuité de son regard, mais tout le monde s'exclamait : A-t-il de la chance !

Autres inquiétudes pour les sympathies commerciales et les curiosités voisines : à quoi les bénéfices respectables de la maison Désidérius étaient-ils employés ? On organisa des surveillances savantes pour découvrir celle d'entre les femmes de ses amis qu'il préférait; de gais compagnons de brasserie, à qui la curiosité inspira des ruses de trappeur, le filèrent les soirs de pluie aux music-halls, ou les matins de ses fréquentes courses dans la banlieue : rien, pas le moindre trottin à l'horizon, point d'accorte soubrette dans son *home*, pas même le soupçon de ces vices esthétiques dont l'Allemagne, la France et l'Angleterre se renvoient le nom.

Le hasard servit beaucoup la curiosité de nos enquêteurs ; l'un deux menant sa famille au bassin du Luxembourg, tel une mère cane ses petits, aperçut au coin du Pont-Neuf Désidérius les bras chargés de vieux livres, courber sa haute taille sur les boîtes des bouquinistes ; le mot de l'énigme était trouvé ; notre homme devait être quelque chercheur de chimères biscornues, collectionneur maniaque ou fantasque érudit.

Sans lasser plus longtemps la patience du lecteur bénévole, je lui révélerai que Désidérius collectionnait de vieux bouquins. Quels étaient-ils ? Jamais je n'ai pu le savoir. Quand les lisait-ils ? Mystère ! Dans quel but ? Impénétrable comme une volonté providentielle.

Les hasards du noctambulisme nous firent rencontrer ; la première parole qu'il m'adressa fut pour rectifier une erreur de diagnostic que je venais de commettre en déchiffrant d'hypothétiques hiéroglyphes dans la main molle d'une fille ; il sut piquer ma curiosité au premier mot ; son système de chiromancie n'était ni celui de Desbarroles ni celui de D'Arpentigny, et ne concordait avec les leçons d'aucun des vieux maîtres du seizième. Il avait une façon de lire dans la main, en la regardant de haut, qui me rappelait celle des gypsies d'Angleterre, et je sus plus tard que son système était celui des Tantriks indous.

Un curieux de choses rares, tel que moi, ne pouvait s'attacher à cette piste inexplorée ; mais Désidérius, fort malin ne se laissa point prendre à la diplomatie de mes conversations ; il les ramenait toujours vers le terrain monotone des affaires, de la vie banale et des thèmes vulgaires d'où sa singulière perspicacité faisait jaillir des rapprochements inattendus et des analogies instructives. C'était là en effet le caractère de son esprit : il semblait posséder une circonvolution cérébrale nouvelle qui pénétrait le tréfonds des êtres— une loupe qui, faisant abstraction des différences, ne laissait apparaître aux yeux de l'observateur que les similitudes des objets les plus divers par l'extérieur.

Il devait connaître la loi des choses, et savoir les grouper selon leur genèse intérieure ; on l'eût dit semblable au voyageur se reposant sur le faîte d'une montagne et prenant d'en haut une vue claire et réelle du pays dont, perdu dans la vallée, il n'avait aperçu que des aspects sans cohésion.

Ce spectateur solitaire de la vie ressemblait à un lord : de haute taille, maigre, la figure rase, la peau brune et les cheveux châtains, toujours vêtu d'étoffes aux couleurs indécises, on l'eût dit descendu d'un cadre de Rembrandt. Il paraissait ensommeillé ; parlant sans éclat, riant peu, et sous son air spleenétique, cachant une endurance extraordinaire à la fatigue physique comme au travail de bureau. Je ne vis jamais chez Désidérius le signe d'une passion quelconque :

en face des maladresses ou de la mauvaise volonté, sa voix devenait plus caressante et son front plus serein : mais l'obstacle s'évanouissait toujours rapidement par une circonstance de hasard ; alors il en faisait le texte d'une petite leçon de psychologie des gens ou même des choses, car c'était là une de ses théories favorites que les événements vivent, qu'ils ont leur anatomie, leur physiologie et leur biologie, et qu'on peut les gouverner comme on arrive à bout d'un enfant indocile et capricieux.

Vers cette époque, je m'épris d'un beau zèle pour les études historiques et archéologiques ; et je portai plus particulièrent mes recherches sur la corporation mystérieuse des Templiers. Tous les historiens s'accordent à faire de cet ordre une société d'hommes d'affaires adroits, ambitieux et avides ; je fus bientôt convaincu de la fausseté de cette opinion. Grâce à d'anciennes amitiés, j'avais mes entrées libres dans les bibliothèques privées de certains érudits d'Allemagne et d'Angleterre ; et c'est là que d'heureuses découvertes me donnèrent l'orgueil d'étonner le monde savant par une thèse originale et neuve. Je pus reconstituer leurs rites, dévoiler ce qu'était le trop fameux Baphomet dégénéré en le petit chien Mopse du xviiie sècle, faire connaître les travaux effectués dans les commanderies et la raison des architectures imposantes de ces primitifs maçons.

Un soir, je racontais mes travaux à Désidérius, pensant en moi-même l'étonner et tout prêt à le complimenter, lorsqu'il répondit à l'une de mes périodes :

« C'est très bien d'avoir travaillé cette question : votre idée est ingénieuse, mais vous ne l'épuiserez jamais entièrement parce qu'il vous manque la thèse métaphysique de votre antithèse physique. »

Je ne compris pas et j'interrogeai :

— Une thèse métaphysique ?

— Oui, si la terre existe, c'est parce qu'il y a des cieux, et si les cieux s'élèvent au-dessus de nos têtes, c'est parce que la terre est sous nos pieds, expliqua Désidérius avec un demi-sourire. — Je vous donne là des formules trop générales ; vous n'avez pas encore l'esprit habitué à saisir d'un coup les rayonnements d'une idée ; c'est cependant une chose nécessaire.

Ainsi, pour la question qui nous occupe, vous n'avez pas fait cette simple remarque que, si les Templiers ont donné lieu à une légende, cette légende est leur fantôme réfléchi, leur contraire analogique. Si donc on les croit une association de changeurs et de banquiers, c'est que leurs richesses réelles venaient d'une tout autre source ; si l'on sait vaguement ce qu'ils faisaient dans les salles hautes de leurs forteresses, c'est que l'on ignore tout à fait l'usage de leurs caves et de leurs galeries souterraines où circulait, active et insaisissable, la véritable vie de l'Ordre.

Voilà ce que vous auriez pu voir.

— Votre idée est pour le moins originale, lui répondis-je ; mais sur quels documents précis l'appuyer ? En avez-vous des preuves ?

— Mon cher ami, répliqua Désidérius en tirant de sa pipe d'égales bouffées, toute notion intellectuelle a autant et plus de réalité que cette table de marbre, ou cette tasse à café ; mais il est beaucoup de choses que les gens n'ont pas besoin de savoir ; nos yeux sont conformés pour recevoir une telle quantité d'énergie lumineuse ; mais vous savez bien qu'un éclat trop brillant nous aveugle. Toute chose est parfaite dans l'univers.

— Et ces documents ?

— Oh ! nous verrons plus tard ; il faut que vous vous débarrassiez au préalable d'un certain acquis mental qui, loin de vous aider, vous crée un mur. Si vous voulez vivre, commencez par tuer le vieux monstre qui est tapi en vous.

— Allons, voilà que vous allez me faire de la mystique. J'ai lu Jacob Bœhme, le cordonnier...

— Mais vous ne l'avez pas conçu ?

— Et vous ?

— Oh moi ! il faut bien se donner un intérêt dans la vie.

— Mais enfin verrai-je un jour vos documents ? Je suis certain que vous devez posséder des trésors ; pourquoi ne consentiriez-vous pas à m'en faire voir un petit coin ? Vous savez que je connais lord L*** qui a dans les *Highlands* un si beau manoir et de si belles antiquités druidiques. J'ai pénétré dans la bibliothèque de M. S*** qui a passé sa vie à collectionner des manuscrits thibétains, dans celle triplement fermée du professeur K*** de Nuremberg, où toute la mystique occidentale se trouve avec l'histoire des sociétés secrètes ; j'ai...

— Vous avez vu également la collection d'Abraxas du prince romain C***, et quelques autres endroits fermés ont reçu encore votre visite, ajouta Désidérius d'un ton placide, je le sais; c'est à moi que ces diverses personnes se sont adressées lorsqu'il a fallu avoir des renseignements; et vous vous trouvez déjà mon débiteur... Attendez un peu, je pense n'avoir plus beaucoup de temps à vivre ici-bas. Je vous donnerai du travail pour après ma mort comme je vous en ai déjà donné de mon vivant.

Et mon bizarre compagnon, ayant rallumé sa pipe, me souhaita une bonne nuit, bien qu'il fût à peine une heure après midi, et disparut dans la foule.

— Quel dommage, murmurai-je, qu'un tel homme aime à faire poser ses contemporains ! Au fond, je vais le soigner, parce qu'il doit certainement avoir des trésors dans sa bibliothèque.

* *

Plusieurs semaines se passèrent sans revoir Désidérius, lorsqu'un matin je reçus un billet encadré de noir, m'annonçant sa mort subite ; pas d'indication de service funèbre ; seulement, ajoutés à la main, ces simples mots: Rendez-vous rue du Champ-d'Asile à 5 heures du matin.

— Cet homme ténébreux a donc des accointances avec les F∴ M∴, pensai-je aussitôt.

Au lieu indiqué, je trouvai dans une salle basse quelques hommes, entre lesquels je reconnus le comte Andréas de R., ce fastueux dandy, qui avait dissipé une fortune séculaire avec la belle Stella, disparue depuis; il y avait aussi un Hindou barbu, un Allemand à lunettes et un des seuls représentants que j'aie jamais vu de l'antique race, presque éteinte, des montagnards chinois autochtones, un athlète de six pieds de haut, dont les yeux obliques conservaient une fixité gênante.

Toutes ces personnes paraissaient attendre quelqu'un ; nous étions en habit de cérémonie, que les Orientaux portaient avec autant d'aisance que l'ex-dandy.

Au bout d'un instant, la porte s'ouvrit, donnant passage à un homme de haute taille, dont l'aspect imposait l'attention et provoquait la curiosité; il me parut le type accompli de la beauté occidentale; son regard contrastait étrangement avec l'aspect viril de toute sa personne ; on eût dit les yeux d'un bambino, frais, jeunes, brillants; ils avaient cette même fixité que ceux du Chinois; tous les assistants le saluèrent avec une nuance de respect, et, prenant aussitôt la parole :

— Nous allons, dit-il, nous rendre de suite au domicile de Désidérius, où chacun recevra le legs qu'indique le testament; vous savez qu'il faut aller vite. Du reste, tout doit être prêt.

Et sur ces mots nous partîmes.

Une demi-heure après, arrivés chez le défunt, le mystérieux inconnu ouvrit la porte du petit hôtel, et nous trouvâmes dans le vestibule quatre énormes colis prêts à être emportés, qui furent atribués à chacun de nous.

— Voici, mon cher Andréas, toute la collection chimique de notre ami : installez le tout dans notre cave ; ayez bien soin d'être seul, et ajustez un verre violet à votre lampe, parce que vous trouverez un certain nombre de produits que les rayons rouges décomposent; cette caisse renferme aussi les livres, les manuscrits et les clefs'cryptographiques. Permettez-moi de vous recommander la patience.

— J'ai réservé au Swâmi les livres de physiologie et de psychologie, il y retrouvera les shastras secrets du sivaïsme; sa caisse contient également tout ce qui est nécessaire à l'agencement d'une cellule souterraine, les gommes, les vernis, les couleurs spéciales, la terre d'alluvion, enfin la pierre noire et la sphère de cristal.

— Pour vous, mon cher magicien, voici tout le matériel de l'herméneutique occulte; les métaux sont alchimiquement purs, les plantes ont crû dans des terres préparées; vous trouverez enfin les rituels schématiques de l'Occident.

Enfin, Monsieur, reprit l'inconnu en s'adressant à moi, je vous ai fait mettre de côté ce qui m'a semblé devoir vous intéresser le plus, c'est-à-dire une collection de documents inédits sur les sociétés secrètes de nos pays avec la description de leurs enseignements respectifs. Un tableau général vous donnera la marche de leur développement; enfin, si jamais le désir vous naissait de vous mettre à l'œuvre, un petit cahier relié en parchemin vous indiquera les travaux préparatoires. Sur ce, Monsieur, vous allez, si vous le voulez bien, transporter ces objets et revenir ici pour la cérémonie funèbre.

*
* *

Quelques heures plus tard, nous nous retrouvions

tous les six prenant place dans le nombreux cortège
des amis du défunt que nous conduisions à sa dernière
demeure. Les événements de cette matinée m'avaient
plongé dans une surprise croissante ; et tout ce décor
de roman-feuilleton n'était pas sans jeter quelque
ombre sur la joie que je ressentais de posséder enfin
ces documents tant désirés : je bouillais d'impatience
en attendant l'heure de la solitude où je pourrais enfin
les voir.

Je me mis le jour même après dîner à déclouer la
caisse. Elle était hermétiquement remplie de papiers,
de livres et de dessins ; j'y trouvai des raretés inconnues : une collection de miniatures de l'époque
représentant les Grands Maîtres du Temple ; des toiles
peintes roulées, portraits de tous les personnages ayant
eu un nom dans l'histoire de l'occultisme ; les alchimistes étaient là, avec les astrologues, les magiciens,
les kabbalistes et les mystiques. Je fis plus tard des
recherches pour m'assurer de l'authenticité de ces
peintures ; les experts et les critiques d'art furent tous
unanimes à la reconnaître. Il y avait là des incunables,
des livres dont les collectionneurs ne connaissent
dans toute l'Europe que deux ou trois exemplaires ;
enfin une série de soixante-douze tableaux peints
représentant des suites de figures géométriques enca-
drés dans des guirlandes de roses et d'une sûreté
d'exécution parfaite. Il y avait des lignes, des cercles,
des triangles, des étoiles, des cubes dans toutes les
positions, des figures de serpents comme sur les
gemmes gnostiques, bref, tout un fouillis évidemment
hermétique auquel je ne compris rien.

A ce moment, je m'aperçus qu'une odeur inconnue flottait légèrement par ma chambre ; elle tenait de la myrrhe et de l'essence de rose, et paraissait provenir du vernis qui recouvrait la collection des soixante-douze tableaux hiéroglyphiques ainsi que les portraits et les reliures des livres ; en examinant ce vernis odorant, je m'aperçus qu'il ne s'écaillait pas sous l'ongle et qu'il paraissait faire corps avec la substance qu'il protégeait.

— C'est une composition perdue, pensai-je, mais que l'on doit retrouver dans les livres de Lemnius ou de Porta ; nous verrons cela plus tard, plutôt encore dans le gros in-octavo de Wecker...

L'odeur orientale continuait à pénétrer doucement l'air, et je crus sentir son action se porter sur moi d'une façon toute spéciale ; ce n'était pas un engourdissement de la vie organique, ni un trouble de physiologie ; ma tête restait libre, et mon pouls battait régulièrement ; mais chaque fois que j'aspirais, avec une bouffée d'air, un peu de cet arome, je sentais à l'épigastre une douce chaleur et une sorte de rayonnement intérieur, comme l'absorption d'un vin généreux pourrait en faire naître ; en même temps, mon système musculaire s'harmonisait dans une sorte de quiétude nouvelle et qui demande pour être comprise quelques mots d'explication.

Nous avons tous remarqué, au cours des actes ordinaires de notre vie, que nous dépensions beaucoup plus de force musculaire qu'ils n'en exigeaient exactement ; nous sommes plus ou moins semblables au robuste garçon de labour qui dirige sans fatigue sa

charrue, mais qui sue à grosses gouttes lorsqu'il *met
la main à la plume* ; en un mot nous apportons à
chacun de nos mouvements une sorte de raideur, de
tension nerveuse, très fatigante, et qui perturbe l'harmonie de nos fonctions corporelles. Cela provient
sans doute d'un manque de sérénité et de spontanéité ;
la civilisation a desséché le libre influx de la nature
en nous ; beaucoup des formes les plus vivantes de
notre âme ont été froissées depuis des siècles sans
nombre, et les atavismes de la gêne, de la restriction
de tous les antiphysismes de l'homme des villes,
pèsent d'un poids inexorable sur ce bébé futur que
portent trop rarement nos petites Parisiennes névrosées.

Cet état de fausse tension est perceptible par la
détente qui s'opère lorsque nous prenons le soir, ou
plus souvent vers le matin, quelques heures de sommeil inquiet ; le corps semble avoir été délivré d'un
moule constricteur, et les millions de petits êtres cel-
lulaires qui le composent paraissent entrer dans une
pause réparatrice. Telles sont du moins les impres-
sions qu'éprouvent tous ceux qui ont l'habitude de
s'observer eux-mêmes.

Or ce parfum produisait sur moi un effet exactement
analogue ; toutes mes articulations contractées semblaient se détendre comme sous les rayons d'un
chaud soleil ; ma vie physique semblait reprendre
son amplitude, je sentais mon sang battre dans mes
veines en ondes rythmiques, tandis qu'un frémisse-
ment intérieur centralisait ma force nerveuse comme
pour quelque soudaine et toute proche activité. Dans
l'examen de ces phénomènes nouveaux, mon regard

errait à l'aventure de mon bureau à mes livres, des
livres à la lampe et de là aux moustaches raides de
mon chat, juché en sphinx sur le large dossier d'une
cathèdre; lorsque, en reportant mes yeux sur l'un de
ces tableaux symboliques, je m'attachai, avec le même
plaisir que donne la contemplation d'une belle statue,
aux lignes multicolores d'une grande étoile, analogue
à celles que l'on voit dans les loges des maçons, portant à leur centre la lettre G.⁑, c'est ce signe que Faust
appelle le Pentagramme et à qui les magiciens
attribuent les vertus les plus extraordinaires.

Celui que je regardais se détachait en trompe-l'œil
sur un fond dégradé, bleu obscur comme l'espace
qu'aperçoivent les aéronautes au-dessus de la région
des nuages. Il était rouge, bleu, vert, jaune et blanc;
les inégalités de l'éclairage en faisaient chatoyer les
couleurs, et il me charmait littéralement comme un
objet quelconque enchante les rêves du haschichéen.

Autour de mon pentagramme flamboyaient, sur le
fond bleu sombre, les lettres d'une inscription circulaire écrite en une langue inconnue; ce n'était ni le
sanscrit, ni l'hébreu, ni l'arabe, ni le thibétain, ni aucun des dialectes hindous; je ne me rappelais pas en
avoir vu de semblables dans la *Stéganographie* ni dans
la *Polygraphie* de ce Trittenheim appelé mal à propos
Trithème, que l'on dit avoir appartenu aux sociétés
les plus mystérieuses de son temps. Peut-être était-ce
un des idiomes secrets de l'Inde, le parvi ou le
senzar; sans doute les manuscrits m'en donneraient-
ils la clef; et je commençais déjà d'appliquer mentalement à cette phrase les premières règles de la

cryptographie, lorsqu'une secousse intérieure retentit en moi, je sentis ma vie, condensée en sphéroïde, sortir par la gauche du plexus solaire ; mon cabinet disparut de mon regard ; je me trouvais dans une obscurité profonde, j'entendis deux ou trois accords d'une admirable harmonie ; un point lumineux s'ouvrit devant moi comme un diaphragme irisé et je me trouvai dans une lumière violette, sur les dalles d'une chambre basse où flottaient des fumées lourdes et amères.

Je n'eus pas l'idée de m'enquérir du *modus operandi* par lequel j'étais amené sur cette scène inattendue ; le spectacle que je contemplais m'intéressait puissamment et centralisait toutes les forces de mon être.

Je n'étais pas seul : je comptai trois hommes vêtus de robes noires et cinq femmes en tuniques vert pâle. Au fond de la salle je discernai une sorte de pyramide basse formée de sept marches ; à deux mètres au-dessus d'elle brillait, d'un éclat immobile, une petite lumière violette ; chaque homme était entre deux femmes, et les huit personnages étaient disposés sur un triangle dont la pointe était la petite pyramide ; les hommes reposaient chacun de leurs bras sur les épaules de leurs compagnes ; ils avaient devant eux des trépieds où brûlaient des baies et des résines blanches ; derrière nous, sur le sol, on avait disposé une ligne ininterrompue de pommes de pin.

J'essayai de distinguer les figures de mes compagnons de hasard ; il y en avait de tout âge ; mais une certaine uniformité de type les reliait. Les hommes étaient maigres, hauts et d'aspect douloureux ; il y

avait trois femmes d'une beauté extraordinaire ;
brunes, pâles, la figure figée, les yeux fermés ; elles
dressaient, dans une immobilité statuaire, des visages
de souffrance et d'accablement. Quelles douleurs indicibles devaient-elles porter ? Du faix de quels péchés
ne semblaient-elles point défaillir ? Chez les deux
plus âgées, la vie ne semblait plus être dans leurs
corps, mais réfugiée tout entière dans la figure ; dans
les plis des bouches pâles logeait la résignation ; sur
les fronts sans rides, la seule lumière d'une fermeté
inébranlable ; dans les yeux, la splendeur du sacrifice
secret ; et je m'enfonçais tout entier dans un étonnement quelque peu craintif, lorsque, tout à coup — car
j'avais conservé ce que les modernes appellent la
pleine conscience à l'état de veille — les trois hommes
commencèrent à proférer des phrases rythmiques.

Ah ! quel mystère que leur voix !

Ils parlaient à l'unisson, dans une langue sonore,
sourde et berceuse ; en les écoutant, j'imaginais un
bronze forgé par les Kobolds, avec les pleurs, les douleurs et les soupirs des hommes ; un métal dur et
brûlant, fluide et vibrant qui sonnerait des glas
d'agonie basse, les hoquets d'un cœur torturé, les
angoisses lentes, les peurs sans raison, comme un
gong où passerait la plainte du vent d'hiver, les hurle-
ments de la mer, ou le silence affreux des landes
hantées. Ah ! voici le cri d'une victime de l'Inquisition ;
voici le râle d'un cœur trompé ; voici la plainte d'un
supplicié d'Orient ; voici l'affre d'une âme assaillie
par les démons ! Et chaque parole rebondissait sur
mon être, me déchirant, me consultant, me faisant

crier grâce vers les enchanteurs immobiles et glacés.

Au lieu du répit que j'espérais, la voix des cinq femmes vint aiguiser mon énervement. Elles chantaient par intervalles, donnant comme la couleur et des éclairs livides à l'eau forte monotone et vertigineuse déroulée par les hommes. La musique était aussi étrangère et indéfinissable ; elle m'obséda, et, implacable dans sa plainte, elle eut raison de l'attitude de défiance que j'avais prise dès le commencement de ce rêve singulier. Je laissai tomber ma prévention et aussitôt les symboles mystérieux entrèrent dans mon âme et s'y dénudèrent, mais, avec quelle vive énergie, avec quelle véhémence cruelle, avec quelle déchirante acuité ! Parvenu aux portes de la tombe, je ne repense pas encore sans frémir à cette nuit de mon âge mûr.

Le chant de ces femmes se tenait dans les hautes notes de supplication et de pénitence ; alors l'espace obscur devant mes yeux s'illuminait d'une étincelle d'étoiles, ou un éclair violet traversait des coins d'ombre ; c'était alors une âme affolée, déchirée dans ses entrailles, le désespoir inexprimable d'un éternel adieu aux êtres chers, et la flamme des brûle-parfums devenait vivante ; elle s'élevait toute droite comme l'humble et pur repentir du pécheur, ou elle se tordait comme la douleur d'un être tenaillé par les démons. Ah ! les affreux tableaux de soufre et de poix brûlants, décrits par le murmure monotone des prêtres, éclairés par les fers rougis, les ruisseaux de plomb fondu, les pierreries méchantes des douloureuses voix féminines ; la sensation d'immondes et visqueux contacts où glue toute la lèpre luxurieuse de l'humanité, les faces

spectrales de cynisme et de vice apparues sur le velours
noir de l'air suffocant; toute l'horreur des cauche-
mars monastiques était certainement là, m'excédait
jusqu'à la nausée, me faisait crier grâce, allait me ruer
sur les acteurs impassibles, lorsqu'un silence se fit
plus effrayant dans sa nudité que l'inexprimable lai-
deur de ces fantômes; les flammes des brûle-parfums
s'aplatirent vers l'intérieur du triangle, et, à la lueur
éblouissante que jeta, avant de s'éteindre, la petite
lampe violette, j'aperçus à mes pieds le corps de
Désidérius; je n'avais plus la force d'une résistance,
lorsque les assistants se jetèrent, m'entraînant avec
eux, la face contre le sol; mon souffle presque sus-
pendu allait caresser le visage du mort; une sensation
de fluide extraordinaire me traversa la colonne verté-
brale, l'horreur entra dans mon être, mes dents se
heurtèrent convulsivement, un craquement électrique
se fit entendre à la fois aux quatre coins de la pièce.
Je vis le sang jaillir de la bouche du cadavre, et je
perdis connaissance; je veux dire que toute la scène
disparut de devant mes yeux comme avait fait ma
chambre.

Il me semblait avoir perdu mon corps, ou plutôt
chacune de mes facultés avait reçu une vie autonome,
et chacune de mes émotions, chacun de mes désirs
s'envolait de moi comme un ange de jubilation; je
nageais au fond d'une mer de douceur et de repos,
avec l'intuition d'un soleil resplendissant, sur la route
duquel toutes mes aspirations me précédaient en
m'ouvrant la voie. Les mystérieux opérateurs de la
salle nocturne m'environnaient, transfigurés et ravis;

et nous suivions, dans une allégresse silencieuse, l'âme de Désidérius revêtue de science et de volonté, allant recueillir dans la lumière de gloire le prix de ses travaux. Il me semblait deviner l'énigme de l'Univers ; avec une rapidité vertigineuse, je revoyais les spectacles de ma vie, j'en pénétrais le sens, je concevais l'action perpétuelle et vivifiante de Dieu dans la nature ; les hommes avec qui je parlais autrefois — comme tout était loin — m'apparaissaient comme des mots animés, révélateurs d'une volonté divine ; ils étaient moi-même et, en chacun d'eux, une des facultés de mon âme se reconnaissait avec admiration.

Tout à coup, un éclair éblouissant : je suis aveuglé ; je repasse dans une fulguration dans la salle obscure, c'est mon cabinet de travail avec sa lampe qui charbonne ; la petite pendule ne marche plus ; le chat est en catalepsie ; la même odeur subtile flotte dans l'air, et je meurs littéralement de faim et de fatigue. J'essaie de me lever du divan où ce rêve étrange m'a surpris, mes mains battent l'air pour aider l'effort impuissant des jambes, et leur geste fébrile ramène le petit cahier noir, dont l'inconnu m'avait recommandé la lecture. A la première page, une belle écriture de calligraphe a tracé un titre : *Lettres de Théophane à Stella*. Théophane ! *Celui qui voit Dieu* ! Je ne raconterai pas toutes les réflexions que je fis le jour suivant ; elles m'induisirent en des aventures complexes qui influèrent considérablement sur le reste de mon existence ; comme je n'estime rien de meilleur au monde que le charme d'une vie active et mouvementée, je crois rendre service au public, ou plutôt à cette petite partie du public qui sait retirer l'amande de son enveloppe amère, en lui donnant connaissance de ces lettres. Que les lecteurs en usent chacun pour le mieux, et je pense qu'ils tireront de leur étude quelque profit.

I

ANDRÉAS A STELLA.

Tu t'es toujours montrée, ma chère Stella, comme
une âme fière que n'effraient point les coups du Destin ; c'est pourquoi tu seras la première à connaître
celui que je viens de recevoir de ce maître du monde.
Je suis ruiné ; les métaux, qui avaient eu pour mes
mains jusqu'à présent quelque sympathie, ont brusquement changé de goût, et me laissent dans un
dénûment à peu près complet. Tu me connais assez
pour savoir que je n'irai point solliciter la compassion de mes amis, ou plutôt de mes camarades de
festins. C'est sans aucun regret que je les quitte ;
nous avons trop souvent remarqué ensemble leurs
petitesses et leurs mesquineries pour ne pas souhaiter
quelque autre décor à notre orgueil.

Ce que je regrette, ce sont les belles architectures,
les pures formes de marbre, les tableaux savoureux
qu'il va falloir abandonner aux hasards de la fortune,
ce sont les souples tentures, les orfèvreries, les cris-
taux délicats, les armures héroïques qu'appellent les

hasards d'une destinée d'aventures chez de riches et barbares étrangers ; toutes ces formes magnifiques, je les aimais comme des images de mon esprit, comme des repoussoirs de ta beauté, ma chère Stella ; comme des élixirs d'éternelle jeunesse pour la sensibilité de mon goût et pour les délicates émotions de nos cerveaux. Mais toute chose passe ici-bas ; et si, dans la fleur de l'âge, le Destin m'a jeté parmi les pauvres hères et les vaincus, — moi qui n'ai cependant jamais lutté, c'est apparemment pour quelque raison secrète et puérile, comme toutes celles qui font agir les hommes. Peut-être vais-je passer par ce creuset terrible de la misère et de la faim pour en sortir avveuli jusqu'à la lâcheté, ivre d'orgueil solitaire ou transformé jusqu'au génie ? Ces prévisions ne t'amusent-elles pas ? Je vois ton beau sourire et toute l'harmonie de ton corps. Il faut aussi que je dise adieu à ce chef-d'œuvre ; ne pourrais-je le saluer encore une dernière nuit, Stella, avant de m'engloutir dans les ténèbres froides où le sort me jette.

II

ANDRÉAS A STELLA

J'ai été touché, ma très chère amie, et peut-être pour la première fois, depuis les jeunes années où le souffle du vent crépusculaire me remplissait d'une secrète terreur. Ta lettre m'a fait sentir l'amour, ce papillon après lequel a couru en vain le fastueux Andréas, et que trouve l'Andréas misérable et tombé. Je ne croyais devoir ton affection qu'à un peu de science empruntée aux livres ésotiques de certaine pagode de Nguyen ; et voici que luit dans ton cœur la flamme irréelle d'un autre amour. Comme tu devais être belle en écrivant cette lettre que je veux garder comme la seule relique qui me reste de toi et de nos belles années !

Non, je ne veux pas faire ce que tu dis ; et quoique nous aurions dû couvrir, d'un manteau de correction, ce que ton offre aurait de choquant pour le vulgaire, je ne l'accepterai point. Tu sais que j'ai toujours été un peu poète, c'est-à-dire un peu fou ; pourquoi me soustraire à ma destinée, pourquoi la craindre ? Si l'orgueil fut, pendant mes jours de bonheur, l'élixir qui rendit mes joies plus subtiles et plus hautes, il sera, dans ma détresse, le bâton qui écartera la pierre de mon pied et l'agresseur de ma route, aussi je ne crains rien, chère Stella. Et surtout, ne vois pas dans mon refus le recul d'une vanité blessée : nous sommes tous deux, je pense, d'une race plus haute et plus simple, qui ne veut connaître que des sentiments divins. Reste dans ta splendeur ; continue de rayonner sur la foule éblouie quelques reflets de ta Beauté. Pour moi, j'emporte ton image, le splendide souvenir de ton corps, la vision perpétuelle de tes attitudes de volupté, la saveur de ta chair. Crois-tu pas que ce trésor de vie ne vaille les froides copies de l'Art ?

Mais, après tout, je commence à penser que toute

chose est vraie ; les artistes épris d'artificiel et de monstrueux empruntent sans doute leurs conceptions à quelque réalité interne, comme les amants de la vie s'inspirent des spectacles de la nature extérieure ; mais qui dira où commence l'extérieur, où finit l'interne ? Quels rêves n'avons-nous pas vécus dans nos nuits de volupté ? Où étions-nous ? Qu'étions-nous au juste ? Comme tu sentais le fin tissu de tes nerfs s'étendre dans la chambre, comme tes yeux hallucinés perdaient, dans une vapeur légère qui semblait sortir de lui, les contours de ton corps, ainsi ton esprit s'ouvrait à des idées étrangères aux méditations des femmes ; en proie à l'ivresse d'Eros, tu te sentais devenir tel objet qui, pendant le jour, avait arrêté ton regard ; tu souffrais les douleurs de la rose que tes fins doigts cueillent au matin, tu chantais avec les frêles oiseaux de ta volière, joyeux de retrouver leur maîtresse ; et, imitant la méditation immobile de nos chats aux grands yeux, tu sentais descendre en ton sein les forces cachées de l'Univers ou tu découvrais, dans les coins d'ombre de la chambre, la silhouette dansante d'un génie familier.

Chère Stella, ces fantômes étaient vrais puisque tu les voyais ; étaient-ce les lourds parfums de l'Inde qui leur donnaient un corps ? ou bien les thèmes rythmiques des danses que je t'ai enseignées développaient-ils dans l'air des forces inconnues, ainsi que le veut un de nos savants modernes, ainsi que le croient les Orientaux superstitieux ? Peut-être les rites compliqués que les prêtres des pagodes enseignent pour l'amour sont-ils véritablement efficaces

à exalter les amants en des extases indicibles ? Tout
n'est il pas vraisemblable ? et pourquoi, en disant :
Non, cela n'est pas ; se priver peut-être d'une jouissance ou d'une idée ?

Eh bien, donc, mon amie, j'irai à la fête que vous
allez donner pour moi. Nous dirons à nos camarades,
à nos parasites, que je pars pour un très long voyage,
pour un temps indéterminé ; j'emporterai ainsi, de
toi, dans ma solitude miséreuse, un souvenir de
splendeur et de beauté.

Ton amour vaut que je te fasse part de mes projets ;
aussi bien ta discrétion est celle d'un homme, et je te
prie de garder absolument le silence sur ceci et sur
les nouvelles que tu pourrais recevoir ensuite de moi.

De mes voyages en Orient, j'ai rapporté la connaissance de quelqu'un sur qui je compte dès aujour-
d'hui ; de mes relations avec cet homme, je ne te
dirai rien, parce que ces secrets ne m'appartiennent
pas. J'ai toujours suivi avec intérêt la vie des pierres
et tu m'as souvent entendu supposer que les gemmes,
que les perles, que les plus obscurs minéraux sont
des êtres inconnus qui naissent, vivent, aiment et
meurent. Je vais, puisque je n'ai rien d'autre à faire,
continuer l'étude qui m'a toujours passionné ; peut-
être me reverras-tu vieil alchimiste hirsute, environné
de retortes, mais plus sûrement tu me verras après-
demain pour t'admirer une dernière fois.

Tu verras aussi ce soir-là l'ami dont je viens de te
parler, et que nous appellerons Théophane, si tu le
veux bien ; ce sera d'ailleurs un convive peu bruyant
et sobre.

A bientôt, chère Stella, la plus précieuse de mes œuvres d'art, le plus rare de mes anciens trésors.

III

ANDRÉAS A STELLA.

Hélas! chère Stella, je n'ai pu me défendre de la tristesse, depuis huit jours, en pensant que je t'ai perdue ; comme notre dernière nuit fut délicieuse, comme la douleur d'une séparation imminente aiguisa toutes nos voluptés! Nous nous transportâmes jusqu'aux portes de la mort, et nous avons subi ensemble le terrible et délicieux frisson de la présence d'Azraël. Mais j'ai tort de me rappeler ces adorables instants ; voilà huit longs jours et huit nuits plus longues encore que je lutte contre leur souvenir redoutable. Pour toi au moins, le ciel favorable te donnera, de nos ferveurs, des commémorations pleines de charmes; tandis que ton malheureux amant, voué à la solitude, n'aura pour se consoler que le spectacle du mariage des métaux liquides dans les creusets de son laboratoire. Mais ma mélancolie me fait en vérité oublier toute convenance et je néglige de te renseigner sur les sujets qui t'intéressent. Je me doutais bien que l'apparition de mon ami ne te laisserait pas indifférente, et à ne te rien cacher, je comptais sur lui pour te distraire de ta douleur.

Puisque tu m'en pries avec une si charmante insistance, je vais te raconter les détails de ma première rencontre avec Théophane ; aussi bien, suis-je moi-même très heureux de pouvoir prolonger ma causerie avec toi ; tu sais si nous sommes faibles, quand il s'agit d'exécuter les règles que nous nous sommes données à nous-mêmes.

Je t'ai déjà appris qu'il y a une dizaine d'années, je me promenais sur le versant septentrional des montagnes qui séparent les deux empires de Chine et de Siam. Cette contrée, encore inconnue, m'avait tenté à cause des légendes qui couraient sur elle ; des forêts interminables, des paysages splendides, des cours d'eau impétueux, une flore et une faune exubérantes, le tigre à chasser : autant de motifs qui m'affermirent dans ma résolution.

J'étais alors à Rangoon, où je me reposais de mes pérégrinations dans l'Inde, en préparant mon prochain voyage dans un doux farniente. Il faut avouer un acte de scepticisme dont la religiosité des Occidentaux, si tiède cependant, s'écarte toujours un peu. J'avais remarqué l'extrême courtoisie des peuples d'Orient envers les Européens et leur fierté vis-à-vis de leurs inférieurs ; d'autre part leur insouciance de la mort et du danger m'indiquait que cette politesse était toute de surface et dictée par d'autres sentiments que la crainte ; je crus qu'elle venait de leur orgueil et de la conscience de leur supériorité sur nous. Mais en quoi cette supériorité résidait-elle ? C'est ce que je ne pouvais découvrir. Je pris alors un parti fort simple : J'étais au milieu d'une population bouddhiste, je résolus de me faire bouddhiste. Je parlais déjà la langue du pays, j'appris en outre le pâli, pour lire sur les antiques manuscrits les paroles du Sublime ; je m'habituai à marcher pieds nus et à contenir mon attitude et mes regards ; je fis enfin un beau jour, après avoir renvoyé tout mon attirail d'explorateur, profession entre les mains d'une dizaine de rahans. Je m'accoutumai très vite à la vie simple du mendiant religieux ; mis dans l'impossibilité de suivre tous les préjugés qui règlent l'habillement, la nourriture et la vie de l'Européen dans ces contrées, je sus bientôt quel accroissement de vigueur et de santé ce régime donnait au corps, je me sentais redevenir jeune ; le bien-être physique, la liberté de mes sens, la vivacité de mon intelligence, tout croissait en de notables proportions. J'étais résolu à ne donner aux études religieuses que le strict temps nécessaire pour conserver mon incognito ; je m'aperçus au bout d'une semaine avoir entrepris un travail fort compliqué. Crédule comme tous les voyageurs, je croyais les religieux de Siam indolents, paresseux et inoccupés ; tous les orientalistes ne les représentent-ils pas comme sachant juste les quelques formules de prière demandées par leurs fonctions ? Je fus vite détrompé. Chaque novice est attaché au service d'un *parfait* pour au moins un an. Celui à qui on me confia était un homme d'environ quarante ans, sympathique et d'extérieur calme comme tous ses confrères ; c'était un des rares phongées à qui le sourire était habituel, car d'ordinaire ces moines ont l'air absorbé et sombre. Il me parlait sur le ton des ecclésiastiques de nos pays, ressemblance amusante ; ajoute à cela une corpulence assez forte et des airs de tête expressifs : tu auras alors, ma chère amie, une esquisse de celui que j'appelais Monseigneur et à qui je lavais les pieds plusieurs fois par jour. Tout alla bien la première semaine ; je me levais avant le soleil pour faire mes ablutions, et pour balayer la cour du monastère ; jamais je n'ai retrouvé l'impression de légèreté et de paix que dégageait toute la forêt environnante; le reste de la journée se passait sous ce charme pénétrant et la lecture du soir me trouvait encore dans une reposante quiétude. Malgré cela je ne perdais pas de vue mes projets de voyage; je n'avais besoin pour les mettre à exécution que de l'envoi d'une mission vers le Nord-Est et que d'une arme défensive. Le premier point devait se présenter tout naturellement ; c'était l'époque où la France commençait à conquérir le Tonkin ; et, chose inconnue à nos diplomates, ces hostilités avaient ému toute la frontière nord de l'Indo-Chine; quant aux raisons de ces inquiétudes extraordinaires chez ces peuples si différents de race, de langue et de religion, je n'ai jamais pu les connaître.

Toujours est-il que nos bouddhistes siamois étaient en correspondance suivie avec des monastères perdus au nord de la montagne. Il y avait là des constructions à édifier, des travaux actifs, auxquels on me reconnut très disposé, d'autant plus que l'état religieux prescrivait une sagesse exemplaire dont je n'aurais jamais été capable sans la surveillance étroite de mes frères et sans de grandes fatigues musculaires. A mon départ, mon précepteur m'adressa un petit discours où il m'exprima en termes voilés, avec des souhaits et

des conseils, qu'il n'était pas très certain de la parfaite sincérité de mes convictions bouddhiques; et,
comme, étonné de sa pénétration, je protestais de ma
ferveur : « C'est bien, mon fils, me dit-il en souriant
et les yeux baissés ; mais pourquoi cherches-tu du
poison ? »

Je fus stupéfié, car il disait juste; je m'ingéniais
réellement à fabriquer en cachette, pour mes chasses
au tigre, une sarbacane et à tuer une variété de vipère
dont le venin est foudroyant ; je n'avais soufflé mot
à personne de mon projet; en un instant toutes les
hypothèses se présentèrent à mon esprit ; je crus qu'il
m'avait espionné. Je niai avec tout le sang-froid possible ; il m'écouta en silence et me répondit : « Mon
fils, le mensonge est un suicide ; mais tu as encore à
vivre dans le monde avant de voir la lumière ; va
dans la montagne, puisque ton destin t'y appelle; tu
apprendras là-bas comment celui qui s'est dégagé des
douze enchaînements pénètre les pensées d'autrui. »

Je te ferai grâce du récit de mon voyage ; tous les
récits des voyageurs se ressemblent et tu connais par
toi-même les beautés de la flore orientale ; mais tu
ne connais pas les fléaux de ces promenades : les mous-
tiques et les bêtes venimeuses. Par un hasard singulier,
en deux mois de marche, à travers tous les genres de
pays, forêts, jungles, clairières, broussailles, rochers,
marécages, pas un de nous ne fut mordu par un serpent ou piqué par une mouche.

Je passe sur les détails de notre arrivée et la cons-
truction du Vihara ; je commençais à trouver le temps
long et je combinais mes plans de voyage dont le

meilleur était fort peu pratique ; nous étions sur le versant oriental de l'Indo-Chine, par conséquent, en suivant l'un quelconque des nombreux ruisseaux qui arrosaient la montagne, j'arriverais certainement en quelques semaines en plein Annam. Nous demeurions sur un plateau herbu complètement entouré d'une forêt de multipliants ; l'air y était sec, aromatique et chargé d'électricité ; aussi, selon les Écritures, notre supérieur nous avait ordonné une retraite sévère, et, seul de la communauté, j'avais le droit de sortir pour récolter les fruits nécessaires à la subsistance de tous. J'étais entièrement pris par la magie du site et par ce charme certain que dégage une collectivité de volontés unies vers un même idéal.

Un jour dans la forêt, en sautant par-dessus un tronc vermoulu, le bruit que je fis réveilla une de ces petites vipères à tête plate que je recherchais ; elle se dressa plus rapide que l'éclair ; mon regard rencontra ses yeux ronds et fixes, elle s'enfuit à toute vitesse. Aussi-tôt, le chasseur ressuscita en moi ; je me précipitai après elle sautant à pieds joints, je lui écrasai la tête avec mes talons. Je recueillis aussitôt le venin de ses réservoirs et, ayant nettoyé une pierre creuse, je l'y déposai ; puis je rentrai au monastère, bien décidé à partir le soir même.

Je pus mettre heureusement mon projet à exécution, et dès que la lune se laissa apercevoir à travers les larges feuilles de figuiers, je me mis en route, vêtu de la robe jaune sous laquelle je cachai ma sarbacane et mes flèches, portant le vase à aumônes et armé de beaucoup de confiance en mon étoile. L'entreprise était téméraire ; de la part de ceux que je quittais je n'avais rien à craindre, mais j'allais m'exposer à tous les dangers dans un pays infesté de bêtes féroces. Les pentes rapides qui descendent des montagnes sont en effet un fouillis inextricable de hautes herbes, de buissons épineux et de roches, où gîtent des tigres en grand nombre. Je commençai à les entendre dès la cinquième nuit de marche, et, pour dormir un peu, je dus dès chaque coucher du soleil grimper sur un gros arbre, me fiant à ma bonne fortune pour éviter soit la rencontre d'un scorpion dans le creux du bois, soit le risque d'être découvert sur une grosse branche par un de ces terribles mangeurs d'hommes.

Vers le milieu du sixième jour, je découvris du haut d'un rocher un mince filet d'eau coulant dans la prairie basse ; j'y courus avec joie, car je n'avais pas bu depuis mon départ ; et, ma soif étanchée, je le suivis, persuadé qu'il me conduirait quelque part vers l'Est ; je prenais d'ailleurs les points de repère, la nuit d'après les étoiles, sur la position desquelles je m'étais informé auprès des bouddhistes. Mon ruisseau augmentait peu à peu ; un beau jour, je le vis former une petite cascade ; son cours devenait plus rapide, je voulus m'en servir ; je me construisis une sorte de radeau étroit avec des lianes et des feuilles, que je remplaçais tous les jours. Je cassai un jeune arbre de 2 à 3 mètres qui me servit de gouvernail et d'aviron, et j'embarquai insoucieusement sur une eau accidentée et assez rapide.

L'un des jours suivants j'aperçus un homme de grande taille, conduisant un bœuf ; je ne pus m'arrêter à cause de la violence du courant. Quelques heures plus tard un bruit inconnu me fit dresser l'oreille, il ressemblait assez à celui de la mer sur des brisants; très lointain d'abord, il augmenta brusquement à un détour de la rivière; mon cœur se serra, j'avais reconnu un rapide; trop inexpérimenté pour avoir confiance dans le maniement de ma godille, je me sentis perdu pourvu que la cascade fût haute. Rien à faire; les deux rives s'encaissèrent brusquement dans des murailles de granit; le bruit devint assourdissant, je filais bien plus vite qu'un cheval au galop, j'aperçus la barre d'écume qui se formait au-devant des roches à fleur d'eau; je fermai les yeux et me cramponnai à mon radeau. La sensation d'une chute, une contusion, un plongeon; je me vois au fond d'une eau plus calme, je remonte d'un coup de talon désespéré et j'arrive épuisé sur une langue de sable où je perds connaissance.

Je fus rendu à la conscience par une douleur aiguë qui me déchirait le dos; je sentis un poids énorme m'étouffer, une haleine puante me suffoqua; je devinai, avec terreur, car j'étais tombé la face contre terre, qu'un tigre était sur moi; il ne se pressait pas de m'emporter, je sentais sa langue râpeuse lécher le sang qui coulait de mon bras; je vis, avec la rapidité fulgurante de l'agonie, une flèche sortie de ma robe, le tigre piqué et me tuant dans son spasme de mort. Je voulus tenter la chance: avec une lenteur de Peau-Rouge, je repliai le bras, saisis une flèche, la sortis, et je me préparais à me tourner de côté pour voir mon ennemi dont le flanc devait être à ma portée, lorsqu'il

poussa un rugissement épouvantable et s'accroupit
sur mon corps en m'enfonçant les griffes dans les
chairs ; je crus mourir de douleur ; dans une convul-
sion je tournai violemment la tête et aperçus un
homme de haute taille qui sortait lentement du bois
et approchait de la rive, les bras collés au corps et le
regard rivé sur le tigre ; je mourais d'étouffement, de
douleur, de faiblesse et de colère ; j'avais ce bras qui
tenait la flèche écrasé par une patte de l'animal, je
sentais ses griffes sortir et rentrer dans ma chair vive ;
au bout de quelques secondes, une grande lassitude
m'envahit, j'oubliais la souffrance, je regardais ma
situation en spectateur. Je voyais l'homme approcher
lentement ; c'était une admirable musculature, il me
paraissait gigantesque ; je goutais toute sa perfection
physique avec une entière sérénité ; comment se fait-il,
me disais-je, qu'il porte sa barbe ? Il n'est pas de ce
pays ; je voulus regarder mieux son visage, mais mon
épuisement me faisait voir devant ses yeux un nuage
violet, à travers lequel passait le feu de ses prunelles
claires. Le tigre continuait à gronder sourdement,
et j'entendais sa queue puissante battre la terre, avec
le bruit du fléau sur le sol dur. L'homme était à
quelques pas de nous ; je sentis les griffes du tigre
entrer plus profondément ; il allait sauter, mais un
frisson courut sur sa peau, il eut un miaulement
suraigu ; l'homme était là et lui avait mis une main
sur les yeux et l'autre sur le mufle ; les jambes de
l'animal tremblèrent, les muscles terribles se déten-
dirent, les griffes quittèrent les gaines rouges qu'elles
avaient creusées dans ma chair, le poids terrible qui

m'étouffait fut ôté de ma poitrine, la bête féroce s'en
alla en rampant aux pieds de mon sauveur, la tête
aplatie, les oreilles basses comme un chien sous la
menace du fouet ; je la vis disparaître peu à peu dans
les fourrés profonds.

L'homme me prit dans ses bras, me lava dans la
rivière et appliqua sur mes blessures les feuilles d'une
petite plante en les bandant avec des lianes vertes et
flexibles. — Tu as deviné que ce dompteur était Théophane ; le reste de notre histoire n'offre pas d'intérêt ;
laisse-moi maintenant espérer que l'inconnu ne trou-
blera pas ton sommeil, que je souhaite profond et
bercé de beaux rêves.

Écris-moi, chère Stella, je t'aime de jour en jour
davantage.

IV

ANDRÉAS A STELLA

Je pressentais bien que ma curieuse amie s'intéres-
serait au convive silencieux de sa dernière fête ; je ne
me rappelle pas sans sourire l'arrivée de Théophane
dans la cohue élégante qui se pressait en ton palais.
Beautés brunes et beautés blondes, dandies à la Byron,
jeunes dieux en frac, grands seigneurs ruinés, ils ont
tous senti la présence d'un Inconnu ; les sourires ont
été figés, les paradoxes expirèrent et le désir volup-
tueux mourut pendant une seconde, tandis que la

haute taille de Théophane s'inclinait pour murmurer, à ton oreille des paroles qui durent t'émouvoir. Et un bon moment, tout l'essaim de tes convives rieuses, contempla en silence le visage, le corps, l'attitude et les manières du nouvel arrivé ; puis elles se communiquèrent en chuchotant les résultats de leur examen. « Il a l'air d'un athlète », dit la première. « Il ressemble, dit l'autre, qui se pique d'érudition, au bas-relief assyrien du Louvre, où l'on voit un homme qui tient sous son bras un lion. » « C'est un vieux, » s'exclama la troisième. « Il a le mauvais œil, » frissonna une Italienne. « Il m'a touchée en passant. », avoua une blonde rougissante, tandis que ma chère Stella reprenait, comme par la vertu d'un philtre puissant, plus de splendeur, de rayonnement et de charme qu'elle n'en avait jamais possédé.

Tu veux revoir Théophane, ma pauvre amie, et tu crois ne céder qu'à la puérile curiosité que l'on a pour une bohémienne étrange ; l'astrologie, la chiromancie sont de fort belles sciences, certes, et il y est, paraît-il, fort expert ; mais prends garde ; si tu connaissais à quelles douleurs tu cours, à quelles fatigues tu te voues, à quelles humiliations tu souscris, l'obscur désir qui se lève en toi, la pâle lueur de ta secrète intuition s'enfuiraient épouvantés de la hardiesse de leur projet. Ah ! que ne restes-tu dans la sphère brillante où le Sort t'a placée ; chercheuse téméraire, comment pourras-tu vivre dans la solitude et dans la douleur ? Car tu vas l'aimer, cet homme dont tu es curieuse ; tu vas être initiée aux secrets du cœur ; et tu achèteras ces secrets de toute ta beauté, de ton sang, de ta vie même. Pauvre Stella ! tu vas, en me lisant, me croire jaloux ; ce n'est pas ton corps qu'il va prendre, il n'inventera pour toi ni caresses nouvelles, ni mots d'une surhumaine tendresse; malheur à toi s'il ne t'aime pas, mais encore plus malheur s'il t'aime ; son amour est un feu dévorant ; tu souffriras par lui toutes les agonies ; c'est, du moins ils le disent là-bas, dans les cryptes secrètes, la seule voie qui s'ouvre à la femme pour arriver à la *Voie*.

Chère Stella, sur qui je vais pleurer, tu verras Théophane et il te parlera sans doute. Adieu, cette fois, pour longtemps.

V

THÉOPHANE A STELLA

Vous êtes accourue, Stella, où vous croyiez que j'étais, et, derrière la lourde porte, seule, la voix d'un chien enfermé vous a répondu. Voyez comme les choses extérieures sont l'exact symbole des choses intérieures. N'êtes-vous pas aujourd'hui, au milieu de votre luxe, de vos fêtes et de vos courtisans, comme une pauvre créature abandonnée, qui cherche anxieusement son maître, qui croit le reconnaître sans cesse et qui retombe de désillusions en secrètes désespérances, perdant peu à peu jusqu'au courage même de se relever, tandis que les échos de votre douleur étaient les seules réponses que vous receviez de tout ce vaste univers qui semble ne vous avoir jamais connue.

N'en croyez rien, cependant ; tout au contraire, une multitude sans nombre d'yeux attentifs et sympathiques regarde votre misère et y compatit. Le monde extérieur que vous avez seul aperçu jusqu'ici, par ses formes les plus hautes et ses plus splendides magnificences, n'est qu'un pâle reflet, qu'une enveloppe grossière et rongée par la corruption d'autres mondes plus purs et plus beaux ; ces sphères inconnues sont peuplées d'êtres prestigieux qui, comme les filles de Jérusalem la Sainte, sont les spectateurs apitoyés de vos erreurs, de votre lutte dans la ténèbre, et de vos souffrances. Ah ! si votre corps est beau, votre âme l'est aussi, mais seulement par l'attrait de ses larmes ; vous ne fûtes rien jusqu'à ce jour, qu'un instrument de luxure, qu'un prétexte de convoitises et de cupidités ; cependant cette matière vile cache le germe du diamant que vous deviendrez peut-être un jour.

Cette obscurité secrète où vous errez, elle n'est pas hors de vous seulement, elle est aussi en vous ; elle vous oppresse, vous torture, vous accable mystérieusement ; les baisers n'ont plus de saveur, les doigts se lassent de la caresse des étoffes et les yeux des merveilles de l'art ; en vous s'agenouille, se lamente et sanglote une pleureuse voilée que les larmes suffoquent. Regardez cette pleureuse, écoutez sa lamentation, Stella ; c'est la forme qu'a prise, pour vous, celui qui se tient au centre du monde comme le piquet d'une tente, le formidable Architecte qui sculpte les pierres avec la foudre ; celui qui prend la matière dans

le creux de sa main, qui l'y écrase et qui en fait jaillir
de longs jets sanguinolents d'entre ses doigts impi-
toyables. Il est immobile pendant que les sphères
tournent autour de lui ; il est muet, mais ses yeux
distribuent les éclairs vers les quatre bornes du
monde ; il est invisible, mais les palais qu'il construit
sont splendides au dehors et sombres au dedans.

Ne haïssez pas cet ouvrier, Stella, bénissez sa main
et désirez ressentir encore et longtemps la déchirure
de ses ongles.

VI

THÉOPHANE A STELLA

Ne cherchez pas de consolation au dehors ; les réa-
lités visibles existent mais ne sont pas. Vous croyez
trouver le remède de votre mal et l'oubli de votre
angoisse dans l'entraînement du luxe et des voluptés ;
vous sentez bien cependant en vous-même que vous
avez vidé la liqueur délicieuse et qu'au fond de la
coupe une lie amère vous reste seule à boire. Écoutez
la petite voix qui murmure imperceptiblement dans
votre cœur. Ne vous montrez pas, cachez-vous ; ne
vous élevez pas, abaissez-vous ; ne cherchez pas le
soleil, mais la nuit ; car vous êtes toute noire, et le
feu glacé de l'astre nocturne est le seul élixir qui puisse
vous rendre une vie nouvelle.

Rentrez en vous-même et voyez l'enchaînement

merveilleux des événements de votre existence, l'invisible sagesse de leur succession. Ce qui est aujourd'hui votre moi a parcouru l'immense cycle d'innombrables existences ; il a été le feu latent qui se cache dans le caillou silencieux ; puis la molécule de terre où une herbe modeste a puisé un peu de sa sève ; joyau précieux, il a brillé pendant des semaines de siècles sur la poitrine des antiques danseuses ou au front d'hiérophantes majestueux ; mais la colère des puissances cosmiques a déchaîné sur l'univers où il vivait, des cataclysmes d'eau et de feu ; précipité à nouveau dans l'océan confus des germes primitifs, il en est ressorti élevé d'un règne dans la hiérarchie physique ; cet atome de feu vital s'est revêtu des formes diverses : des racines, des herbes, des fleurs et des fruits ; travailleur obscur enfoui dans le sein de la terre, cellule brillante des pétales, grain de pollen parfumé, arbre enfin centenaire et vénérable, des millions de fois il a vu le soleil naître et mourir aux points opposés de l'horizon ; pendant des âges sans nombre, il a reçu les leçons des fées, des dryades et des faunes. Le voici replongé dans la grande mer végétale, d'où le nouveau souffle de l'esprit le fait resurgir créature spontanée, libre dans ses mouvements, à laquelle furent dévolus successivement la masse profonde des eaux, la surface de la terre verdoyante et l'espace azuré des airs. Votre corps, Stella, est un résumé de la création tout entière ; immobile, il est un palmier élégant ; votre démarche a emprunté, aux serpents sacrés qui se dressaient près des brûle-parfums, la perfidie de leurs ondulations ; vos cheveux sont le duvet soyeux et chaud de quelque cygne d'Australie ; vos lèvres sont une rouge corolle humide de rosée ; vos ongles sont des coraux polis par la caresse incessante de la grande Thalassa ; vos yeux sont des gemmes affinées dans les creusets souterrains des gnomes ; votre voix est l'hymne matinal des oiseaux ; au fond de votre cœur, enfin, est tapie quelque voluptueuse et cruelle panthère altérée de luxure et de sang.

Telle est la Stella inférieure, telle est la forme inconsciente qui, jusqu'à ce jour, dispensa sur la foule des germes de crimes et de perversités. Ce petit feu follet ivre de sa liberté et de sa fausse lueur a peuplé sa sphère d'extravagances et de révoltes ; il ne sentait pas la main de la grande Harmonie, mesurant ses écarts, et dispensant, selon la norme, les proportions de ses activités ; ainsi un feu vivant s'attachait à votre sein, consumant sans relâche les matières viles de votre être et vous faisant peu à peu descendre du royaume joyeux au royaume de la tristesse.

Ainsi, ce monde, que vos multiples beautés subjuguèrent, a secoué peu à peu les chaînes flexibles que vos séductions lui avaient forgées. Plus bas votre charme impérieux fit se prosterner vos pères à vos pieds, plus consumante brûle dans leur cœur la haine inconsciente qu'ils nourrissent contre vous. L'astre qui a rayonné voit son corps réduit en cendres lorsque l'Être des Êtres retire Son souffle de lui.

Lorsque l'Éternel jeta, dans le sein de la Mère céleste, le petit germe, qui est vous-même et qui fut, depuis le commencement des âges, le spectateur toujours jeune de ses propres transformations, il lui

donna dans le vaste Univers un petit monde à gouverner, et ce monde c'est votre nom, chère sœur igno-
rante, qui vous fut donné au commencement, qui
vous a protégée dans toutes vos chutes, et qui sera
votre vêtement de gloire, lors de votre future exaltation. Ce petit cosmos où vous êtes reine, vous avez
reçu la mission de le garder, de le cultiver et d'en
surveiller les productions. C'étaient là vos fils mystiques, sur qui devait se pencher la tendre sollicitude
d'une mère, et de qui les séductions de l'antique serpent vous ont fait détourner les yeux.

VII

ANDRÉAS A STELLA

Laisse-moi, Stella, pour bercer la petite douleur
perpétuelle qui niche dans ton âme, laisse-moi te
raconter des contes de fées. Ne t'étonne point que je
sache, sans t'avoir vue, l'état dans lequel tu te trouves.
Ne t'ai-je pas dit, il y a quelque temps, que je
commençais à t'aimer ; et si tu te rappelles qu'autrefois les délicieuses lassitudes de nos caresses relâ-
chaient, chez nous, les lourdes chaînes de la matière
physique, tu comprendras comment, si mon cœur
s'élance vers le tien, il sent, comme s'il était à toi, les
palpitations de la vie et les aspérités du roc par où tu
t'élèves aux flancs de la montagne mystérieuse.

Il était une fois un pauvre berger qui passait pour

innocent; il gardait les moutons des habitants d'un
petit village perdu dans les profondeurs de la Forêt-
Noire, bien plus profonde et bien plus déserte à cette
époque lointaine que maintenant. Ce petit berger,
qui s'appelait Hans, ne connaissait point ses parents;
il était arrivé, tout enfant, dans ce village, dont les
habitants, simples et bons, l'avaient recueilli ; mais
dès qu'il fut en âge de se reconnaître dans les sentiers
à peine tracés qui traversaient l'immense forêt, on
l'utilisa pour conduire aux pâturages des montagnes
le petit troupeau qui constituait la principale fortune
de ces pauvres gens. Hans avait une vie étrange ; on
le voyait très peu ; à peine au matin le temps qu'il
traversait la route en soufflant dans sa corne, le soir
en remettant ses bêtes dans leurs étables; il parlait
peu, avec l'air absent; et la nuit, au lieu de dormir
dans la bonne paille fraîche des granges, ou sous
l'haleine chaude des bestiaux, l'hiver, il errait dans
la forêt, la face tendue vers la lune et vers les étoiles,
et les bonnes gens le croyaient quelque peu sorcier.

On l'avait vu, au milieu des hautes futaies, prêtant
l'oreille à des voix cachées, souriant à des spectacles
invisibles ; la Forêt semblait lui donner des leçons ;
il connaissait le temps à l'inspection des déchirures de
ciel bleu aperçues au travers des feuillages ; il apprenait peu à peu quelles herbes font disparaître les con-
tusions, sèchent les plaies ou guérissent le bétail ; la
corneille et le hibou lui parlaient même, et quand la
Mort visitait ce hameau perdu, il savait d'avance sur
quelle hutte elle allait s'arrêter. Ainsi Hans grandit
joyeusement, dans les souffles embaumés de la forêt ;

les fleurs de l'été, les fruits et les horizons dorés de l'automne, le tapis des neiges hivernales se succédèrent bien des fois sans qu'il connût d'autres sentiments que l'admiration et la paix ; il n'avait que des amis parmi les arbres et les herbes parce que jamais il n'avait fait de mal à aucun d'eux ; avant de cueillir un fruit, d'arracher une racine, de couper une tige, il avait toujours demandé à l'intéressé la permission de le faire, et quand il cherchait de bonnes feuilles bien juteuses pour panser une plaie, jamais il ne dépouillait le petit arbuste de sa propre autorité ; il allait par la forêt, demandant à haute voix : « Où sont les mille-pertuis ? » ou telle et telle autre plante, et il ajoutait : « Quel est celui qui veut bien me donner quelques feuilles pour guérir la vieille Gretel, ou pour arrêter le sang d'une coupure que s'est faite Fritz le charpentier ? » Alors, un petit arbuste lui répondait : « C'est moi, prends ce qu'il te faut de mes feuilles, mais ne me fais pas trop mal. » Pour ne pas faire de mal à ses amis, le petit Hans attendait qu'ils fussent endormis sous la lune ; et quand tous les enfants de la forêt sommeillaient paisiblement, il prenait ses feuilles à celui qui les lui avait offertes, tout doucement, en faisant le moins de déchirures possible et en fermant avec soin la cicatrice verte. Aussi tous l'aimaient et se faisaient un plaisir de lui donner ce qu'il leur demandait.

Tout au moins Hans prétendait que les choses se passaient ainsi ; et les gens du village l'écoutaient avec étonnement parce qu'ils n'avaient jamais entendu la voix d'un arbrisseau ; quand on lui disait

de telles choses, le petit pâtre était bien un peu étonné,
mais comme c'était un enfant simple et plein de respect pour les hommes âgés et les vieilles femmes, il ne
tirait pas de gloire de ses relations forestières et n'en
cherchait point la cause. Tous les jours, cependant, il
apprenait quelque chose merveilleuse de ses amis les
arbres, et il la racontait à ses amis les hommes pensant leur être utile, comme il décrivait aux arbres les
mœurs des paysans ; or les arbres seuls l'écoutaient
avec sérieux et profitaient des leçons de leur ami,
parce qu'ils étaient humbles et savaient que l'homme
leur est de beaucoup supérieur ; mais les paysans disaient de Hans : « C'est un simple, les nixes lui trou-
blent l'esprit », et ils oubliaient ses avertissements, et
bien des fois payaient cher leur indifférence. Car les
arbres sentent beaucoup de choses que les hommes,
même les gens rustiques, ne sentent pas : ils savent
le temps qu'il fera, non seulement plusieurs jours
mais encore plusieurs lunes à l'avance ; les géants de
la forêt prédisent même ces choses pour les années
futures ; ils connaissent aussi les présences mystérieuses qui remplissent d'effroi le voyageur sous les
voûtes de verdures sombres ; ceux d'entre eux qui
vivent sur les bords des clairières rondes où viennent
danser les fées le sixième, le treizième, le vingtième
et le vingt-septième jour de la lune sont les plus ren-
seignés ; si les hommes savaient les écouter et le leur
demandaient, ils les mettraient en relations avec les
génies des prés, des ruisseaux, des cascades, des rochers, des ravines et des montagnes ; alors on appren-
drait les endroits où les gnomes travaillent les terres

utiles, les minerais précieux, où les ondins dispensent aux sources une vertu médicinale, où les fleurs sont balsamiques ; on saurait que tel centenaire a été béni par les austérités d'un ermite, que tel autre est hanté par le souvenir d'un crime ou les affres d'un suicidé, et bien d'autres choses encore.

Mais, semblables en cela aux gens civilisés et aux savants, les braves cultivateurs parmi lesquels vivait Hans ne prêtaient aucune attention à ses récits, et s'en moquaient même entre eux. La gelée blanche ou la grêle arrivaient toujours quand le petit berger l'avait dit, mais ces leçons ne leur profitaient pas, parce que c'était une sorte de petit vagabond tombé on ne savait d'où qui les leur donnait.

Or, un bel après-midi, Hans, en marchant dans un sous-bois tapissé de lierre rampant, en vit les feuilles, non pas dressées perpendiculairement aux rayons solaires, comme elles auraient dû se tenir, mais se présentant à eux par la tranche, il connut de suite qu'il avait été attiré dans ce coin parce qu'un événement important allait fondre sur sa tête ; le lierre, qui voit les mauvaises humeurs des corps animaux, ne voulait pas ce jour-là obéir à la Loi, et Hans se sentit froid au cœur. Son troupeau rentré, il courut sous la lune devant le grand chêne Arra'ch, le Maître de la Forêt, mais c'était une nuit de Conseil, et Arra'ch était allé à la tête des Esprits des arbres prendre les ordres et recevoir les nouvelles de la bouche du vieil ours par qui parlaient beaucoup de génies de cette antique contrée. Ce n'est donc que vers le matin que Hans entendit en rêve la voix

4

d'Arra'ch : « Tu vas souffrir, lui disait-il, et quoi
que tu fasses tu vas grandir; tu vas être obligé de
choisir entre deux routes, de goûter de deux fruits
l'un, et de jeter l'autre ; mais il faut que tu choisisses
tout seul ; je ne puis rien pour toi, parce que tu es un
homme ; ton Esprit est plus haut que le mien, et s'il
choisit avec sagesse, il deviendra un jour le maître de
cette forêt, mon maître à moi, le maître du vieil'ours
et celui des gnomes qui travaillent dans les rochers
vers le nord. Mais comme tu as été bon pour nous,
nous serons avec toi, et je m'engage, au nom de la
Forêt tout entière, à t'aider si tu ne nous oublies
pas. » Et Hans entendit le murmure immense des
grands arbres, des arbustes, des herbes qui juraient
avec leur maître Arra'ch fidélité à Hans, si Hans ne
les oubliait pas.

Il faut dire que le petit pâtre était devenu un bel
adolescent blond ; droit et vigoureux comme une
jeune pousse, et dont la belle mine ne passait pas
inaperçue des filles du hameau. Mais il n'avait jamais
remarqué leurs sourires rougissants ; elles n'étaient
pour lui que des camarades moins lestes et moins har-
dis que les garçons. Or, quelques jours après qu'il eût
vu les feuilles de lierre sylvestre se dresser devant lui,
arriva au village une brune fille inconnue, avec de
grands yeux immobiles, de larges hanches et de longs
cheveux; Hans, à sa vue, sentit quelque chose trem-
bler dans sa poitrine et ses narines, habituées aux
fraîches et pures odeurs des herbes et des blanches
dames, connurent le vertige des parfums de la chair.
Dans son trouble, il recourut à ses conseillers ordi-

naires ; mais la Forêt lui fut muette cette nuit-là, et
le maître Arra'ch lui dit : « C'est tout à l'heure qu'il
te faudra choisir. »

La fille brune lui parla, puisqu'il n'osait le faire ;
elle venait d'une région voisine où il n'y avait pas de
forêt, où les hommes vivaient réunis en grand
nombre, habitant non pas des huttes mais des constructions en pierre ; ils avaient des usages compliqués
et de nombreux vêtements ; beaucoup d'objets leur
était nécessaires pour manger, pour dormir, pour soigner leur corps, et l'inconnue s'étonnait de n'en point
trouver de semblables dans le hameau ; Hans lui
raconta sa vie, ses amis, ses maîtres, les arbres, ses
guides, les fées, leurs discours et leurs prédictions, il
voulut que son amie leur parlât, mais elle n'entendit
pas leur voix, et elle n'aurait d'ailleurs pas compris
leur voix, car son esprit venait d'un autre royaume.
Alors elle se moquait de Hans, et Hans souffrait de
ses sarcasmes quoiqu'il respirât avec délices l'haleine
de la fille brune et le parfum oppressant de son corps ;
elle voulait l'emmener vivre parmi ces hommes qu'elle
disait savants, puissants et riches ; mais Hans ne savait pas ce que c'est que la richesse ; il avait idée de
ce que c'est qu'un homme savant ; il voulait apprendre
des choses secrètes, lointaines et obscures, et parmi
elles l'énigme qu'il sentait se cacher dans la beauté
de son amie ; mais il n'osait pas quitter sa Forêt ; il
sentait qu'il y perdrait beaucoup de choses ; il ne
croyait pas non plus pouvoir vivre sans la caresse des
yeux noirs, sans l'odeur délicieuse et un peu inquié-
tante, sans la vue du beau corps de l'Inconnue. Il se

fit donc du souci jusqu'au jour où, d'un coup, mettant sa main dans celle de la tentatrice, il partit vers la ville inconnue, pour connaître la richesse et la science.

Il voulut apprendre le secret détenu par les rouges lèvres de l'amie ; mais elle le repoussa en lui disant : « Reviens avec de l'or et tu découvriras le mystère de ma beauté » ; quand il eut de l'or, il connut donc ce mystère, il l'épuisa et s'en lassa ; il le connut également chez beaucoup d'autres femmes et il s'en lassa ; il s'enquit alors du mystère de la science ; il apprit beaucoup de choses oubliées, les langues des peuples disparus, les rêves des sages antiques ; mais le mot du mystère de la science, il n'arrivait pas à le prononcer ; il crut un jour ne jamais pouvoir le découvrir et il s'aperçut alors qu'il était devenu vieux, que ses mains tremblaient, que ses cheveux avaient blanchi. Il retourna donc dans sa vieille Forêt, et redevint, dans le hameau où il avait vécu son enfance, et où personne ne le reconnut, gardeur de moutons comme autrefois.

Il passa beaucoup de nuits à pleurer sur lui-même, sur sa vie dépensée si vite ; il pleura la richesse, l'amour et la science, sans s'apercevoir que c'était là l'épreuve dont lui avait parlé le vieux chêne Arra'ch ; mais après avoir longtemps lutté en esprit contre lui-même, il connut qu'il y avait un Dieu autrement que dans les livres des sages ; et il se prosterna en dedans de lui-même devant ce Dieu, et à ce moment l'immense armée des Esprits de la forêt, de la Terre et des Eaux, vint, précédée par les Esprits de l'Air, lui

faire hommage, se soumettre à son Esprit et lui pro-
mettre obéissance. Hans alors leur dit : « Ne vous
soumettez pas à moi, mais à celui que je sens enfin
vivre en moi, qui a mené mon âme par des chemins
secrets, et qui lui donne enfin la Pauvreté, la Bonté et
la Vie au lieu de l'Or, de la Luxure et de la Science
après qui j'ai si longtemps couru. »

Voilà l'histoire du blond petit Hans, l'enfant
trouvé. Je souhaite qu'elle t'ait un peu fait oublier tes
peines, chère Stella.

VIII

THÉOPHANE A STELLA

Vous pleurez, chère sœur ; vous aurez donc encore
une joie, car rien n'existe sans son opposé ; bientôt
vous sourirez, bientôt vous aurez abandonné un peu
de vous-même. Vous ne verserez jamais autant de
larmes que vous en avez fait verser à vos frères ;
sachez bien que la nature n'aurait pas de prise sur
nous si nous ne lui en donnions pas ; nous sommes
attaqués à peu près autant que nous avons attaqué
auparavant, il y a huit jours ou cent siècles ; la Jus-
tice des choses a des comptables scrupuleux et qui
n'omettent pas la plus petite de nos incartades. Alors
pourquoi pleurer ? direz-vous ; ah ! chère sœur, pleurez non à cause des douleurs que vous subissez, mais
pleurez d'amour repentant et de compassion ; perdez-

vous, sombrez, précipitez-vous d'une chute éperdue
dans les gouffres de l'humilité et de l'holocauste.
Alors vous goûterez la saveur rafraîchissante et se-
reine de la paix ; les battements des ailes angéliques
viendront rafraîchir votre cœur ; vous dormirez dans
les bras des messagers divins et votre esprit sera con-
duit vers les montagnes sacrées dont les océans des
forces et des essences astrales battent les flancs sans
les entamer.

IX

ANDRÉAS A STELLA

Me voici reparti pour cet Orient qui est comme ma
seconde patrie. Les longueurs d'une traversée monotone me parurent courtes cette fois ; j'étais dévoré
de curiosité au sujet des inconnus à qui je devais
présenter ma lettre de créance ; on m'avait dit d'eux :
ce sont des savants positivistes, des expérimentateurs ;
et la cervelle d'un Occidental se refuse toujours d'abord
à admettre qu'il puisse y avoir des expérimentateurs
autre part que dans les laboratoires de son pays.
Débarqué dans un petit port de la côte de Malabar,
j'avais ordre de me promener dans la ville, vêtu en
Indou, avec une certaine amulette au poignet ; j'exé-
cutai scrupuleusement ces instructions et, vers le soir,
un homme de basse classe vint à moi et m'emmena
hors la ville ; là je trouvai une légère voiture qui nous

transporta pendant la nuit jusqu'aux Ghattes, dont nous fîmes à pied l'ascension. Les escarpements de ces montagnes ne permirent point de jouir de la fraîcheur de l'air, du calme de la nuit ni de la sérénité du paysage ; les ronces, les pierres, quelque crainte aussi des fauves et des vermines venimeuses employèrent toutes mes forces. Après deux heures d'ascension, nous arrivâmes à une sorte de plateau granitique, dépouillé d'herbes, et que bossuaient de loin en loin quelques amas de pierres, rangées en cercle ; mon guide me mena vers le plus considérable de ces monticules, dont le centre était une masse rocheuse assez semblable aux pierres levées des pays celtiques ; les blocs de pierre formaient une voûte irrégulière sous laquelle nous nous traînâmes à quatre pattes ; au bout se trouvait non pas un puits mais un trou irrégulier, dans lequel mon guide disparut et où je le suivis, tandis qu'il guidait de ses mains mes pieds tâtonnant le long des parois irrégulières ; nous descendîmes quelques mètres, et un couloir incliné nous amena en une demi-heure au centre d'une oubliette où des reptiles se traînaient parmi quelques crânes humains. Nous entrions dans les ruines d'une de ces nombreuses cités brahmaniques que leur population a abandonnées, ou que des guerres civiles ont détruites ; il y en a beaucoup dans le Dekkan, disent les pandits. L'accès de celle où on m'avait amené se trouvait merveilleusement défendu par la jungle et son peuple de singes gris, de serpents, de panthères et de tigres. Le spectacle d'une ville hindoue en ruines envahie par la jungle est une chose admirable ; il est l'idéal du

féerique et du fantastique ; la vie des habitants de la
forêt y est différente aussi ; elle semblerait un peu
civilisée, si l'on peut dire ; les oiseaux y chantent, les
insectes y bourdonnent, les singes y jacassent chacun
à leur tour et avec quelque savoir-vivre ; c'est le
rauquement du tigre ou le miaulement de la panthère
qui est le chef de cet orchestre vivant ; les silences en
sont majestueux et pleins de secrets ; les ensembles
assourdissants.

Mon guide se hâtait à travers les terrasses aux dalles
disjointes, sous les colonnades démolies et les carre-
fours pleins d'herbes folles ; l'immense toit sculpté
d'une pagode assombrit le ciel tout à coup au-dessus
de nos têtes ; nous étions arrivés. Là, je fus remis aux
mains d'un brahme vishnouite, qui me salua en
anglais et me présenta des fruits et des boissons glacées.
Cependant j'examinais la structure du temple qui,
pour la beauté de la masse et la richesse des détails,
ne le cédait en rien aux plus fameux monuments de
Bénarès et d'Ellora ; autant que mes souvenirs de
Tantras me le faisaient croire, ce temple avait dû être
bâti en l'honneur de Ganeça, le dieu éléphant. Il était
composé d'une immense enceinte ou galerie circulaire,
comprenant cinq autres enceintes plus petites ; deux
temples étaient érigés en hauteur, le premier compre-
nait trois autels, avec leurs voûtes en tiare ; à mi-
hauteur s'étendait une cour intérieure ou terrasse
ellipsoïde, aux deux foyers de laquelle étaient dressés
les quatrième et cinquième autels. L'ensemble des
sculptures et des frises représentait la légende de Siva
à peu près telle que la décrit le Skhanda Pourana. La

pierre était seule employée dans la décoration de cette immense architecture.

Parama Siva et ses vingt-cinq mourtis sont sculptés sur la première de ces pyramides ; sur la seconde, on voit Daksha au milieu des Pradjapatis, faisant pénitence à Siva ; engendrant le premier mille de ses fils, les Haryasouas, puis le second millier, les Sabalasouas, ceux qui connaissent les essences subtiles de l'Univers, ou Tattouas ; puis Daksha engendre ses soixante filles, parmi lesquelles resplendit Oumah, l'épouse de Shiva ; et la longue théorie de ces personnages, accomplissant chacun le symbole de la force cosmique qu'il exprime se déroule sur toutes les faces de l'autel quadrangulaire, de la pyramide et des colonnes.

Sur le troisième autel se voit la chute de Daksha et la transformation de sa fille Oumah en Parvàti, sur le mont Himavàn ; tandis que Shiva, sous la forme de Dakshinamourthi, essaie en vain d'initier les mounis à l'ombre d'un banian, puis essaie de nouveau au sommet du Kailàça ; pendant cette initiation, les asouras se répandent sur la terre et y commettent mille atrocités ; alors le Mahadeva émane Koumarà ou Soubramanyia le guerrier spirituel.

Le quatrième autel retrace les incidents de la naissance du second des fils de Shiva, Ganeça le pacifique. Enfin le cinquième autel, selon le mythe du Linga Pourann, représente le quintuple Shiva et ses vingt fils sous les aspects de Sadhyodjata, par qui la vie est résorbée, — de Vâmadeva, qui accomplit la loi et le rituel, — de Tatpourousha, qui fixe les êtres dans la science et l'essence suprêmes, — d'Aghora le terrible, qui enseigne la Yoga, — et enfin d'Isâna la forme de toutes les formes, qui fond ensemble l'Union, la Raison, la Pénitence, la Science, l'Observance religieuse, et les vingt-sept autres qualités de l'âme qui a atteint la Délivrance.

Le long du péristyle extérieur rampaient les serpents de l'Éternité avec leurs sept têtes ; les gardiens symboliques des mystères se dressaient de distance en distance ; les éléphants sacrés porteurs de la Gnose et portiers du Temple abaissaient vers le visiteur leurs trompes et leurs défenses de granit ; le soutènement disparaissait sous le grouillis de formes démoniaques, confinées, suivant les livres, aux mondes inférieurs de l'Invisible ; sous les feuilles des cactus, des euphorbes et des bananiers, se modèlent dans l'ombre les faces lippues, les canines pendantes des vampires, des Pisatchas, des Katapoutanas et des Ulkamoukhas Pretas ; sur les parois extérieures des murs sont sculptés les concerts célestes des Gandharvas, dansant et jouant de leurs instruments ; vers le nord sont les images de Soma et d'Indra ; vers l'est celles des gardiens des trésors, les Yakshas, présidés par Koubera et Yakhshini son épouse ; sur le côté ouest est l'armée des Râkhshasas commandée par Khadgha-Râvana qui donne la victoire sur les ennemis.

Le culte de toutes ces entités plus ou moins démoniaques est encore en vigueur, même dans les hautes classes, à Travancore et dans le Malabar. J'ai même été témoin, dans cette localité, d'un fait fort étrange, que mon amie me fera souvenir de lui raconter.

Mais je m'attarde beaucoup trop, je crois, à d'arides

descriptions ; j'ai laissé un brahme m'offrir des rafraî-
chissements et je reprends mon récit au point où je
l'avais interrompu.

Ce brahme, maigre de corps, avec un grand nez et
de beaux yeux, quoique enfoncés dans leurs orbites,
m'exposa en un très pur anglais que tout ce qui se
trouvait dans ce vieux temple transformé en laboratoire était à ma disposition, et que tous ses hôtes se
considéraient, en raison de la haute recommandation
qui m'avait permis de pénétrer jusque-là, comme mes
serviteurs. Je le remerciai suivant les interminables
et hyperboliques formules de la politesse orientale,
et il commença pour moi le tour du propriétaire.

« Il y a une chose que je vous supplierai de faire,
tout d'abord, me dit mon cicérone ; c'est de ne pas
vous presser, de considérer que vous avez beaucoup
de temps devant vous et que vous allez être mis en face
de nouveautés complètes. La hâte ou l'impatience
seraient donc des obstacles et non des aides. » Je lui
promis de faire des efforts pour réaliser le calme oriental, en lui demandant d'user lui-même de beaucoup
de patience à mon égard, et une série d'émerveille-
ments commença pour moi. Ce temple, me dit en
substance mon guide, est du genre des laboratoires
et de la classe des ateliers ; par suite je ne devais y
trouver ni minéraux rares, ni essences précieuses, ni
appareils de magie psychologique ; les savants qui
l'habitent étudient à peu près ce que nous appelons
les forces physiques, et cela au moyen d'un petit
nombre d'appareils d'une sensibilité exquise ; cette
sensibilité est obtenue par l'isolement des courants

magnétiques qui passent dans le sol et de ceux qui circulent dans l'atmosphère; à cet effet, ils emploient des procédés spéciaux de fabrication des fils métalliques ; ces procédés sont toujours manuels ; on réprouve l'emploi des machines, des laminoirs et autres perfectionnements industriels; tout s'y fait à la main, et avec une patience qui lasserait le plus patient de nos saints d'Occident. Pour t'en donner une idée, Stella, j'ai vu un brave Hindou, assis dans l'ombre du rez-de-chaussée, tapoter sans arrêt un fil de cuivre avec un marteau qui pesait bien 20 grammes ; j'entendais le bruit mécanique de ses coups dès 3 heures du matin, jusqu'au coucher du soleil ; alors un autre frappeur venait le remplacer pendant la nuit ; et ce travail durait, m'a-t-on dit, pendant des mois.

Je te ferai grâce de la description de tous les appareils dont mon guide — il s'appelait Sankhyananda — démontait les rouages et les remontait avec dextérité, pour la commodité des explications. Il en est un cependant, dont l'usage est tellement extraordinaire et semble une histoire si vraisemblablement signée Jules Verne, que je veux t'en parler un peu en détail pour amuser ton imagination.

Mais je m'aperçois que ma lettre est déjà bien longue : je ne t'ai pas parlé de toi, — non plus que de moi d'ailleurs. Pardonne-moi en considérant quel zèle j'ai mis à remplir mon rôle de narrateur. A bientôt, mon cher souvenir, encore si vivace en moi.

X

THÉOPHANE A STELLA

Il y a longtemps, plus longtemps que vous ne le supposez vous-même, chère enfant, que les choses conspirent autour de vous pour vous induire à écouter les murmures ensorceleurs d'Eros-Roi. Beaucoup d'oreilles sont ouvertes en nous pour l'écouter, et notre candeur est si grande, petits enfants qui croyons être des hommes, que nous nous imaginons être tout entiers dans le petit coin de nous-mêmes où Il parle. Notre Moi est infiniment plus haut et plus vaste cependant ; mais nous appelons Moi justement ce par où nous touchons au Néant ; et nous ignorons les radieuses essences par lesquelles nous atteignons l'Absolu.

Vous avez cru aimer à cause d'une sympathie nerveuse, ou pour avoir connu des émotions analogues, ou par bonté, ou par lassitude, ou par curiosité, ou peut-être parce que le soleil était trop chaud, ou de l'électricité dans l'air ; et vous vous êtes toujours dit : « J'ai aimé tel être » ; cela n'est pas vrai cependant, ce n'est pas vous qui avez accompli ces actes, ce sont des soldats de vous-même, souvent indisciplinés, mais qui ont, du moins, l'excellente habitude d'aller de l'avant et de faire faire des expériences à la secrète Stella qui n'est guère courageuse et qui recule devant l'effort.

XI

ANDRÉAS A STELLA

Je t'ai fait attendre bien longtemps la suite de ma visite à la ville perdue ; c'est que j'ai trouvé ici de quoi exercer ma curiosité : des livres, des appareils et des expériences ; je me suis lancé là dedans, il faut bien te l'avouer avec quelque honte, en espérant endormir ma douleur et t'oublier un peu ; j'y ai presque réussi ; la science est une maîtresse jalouse et qui ne souffre même pas une pensée vagabonde chez ses amants. Aussi, pour le moment, elle est parcimonieuse et ne me comble pas de ses faveurs.

Mais je veux reprendre mon histoire ; je t'avais promis la description d'une machine fantastique : tu vas juger toi-même si mon étonnement fut justifié.

A travers cette foule d'appareils et d'instruments de travail, Sankhyananda s'arrêta devant une sorte de caisse cubique faite d'une substance jaune comme l'or et transparente comme du verre. « Ceci, me dit-il, est un Doùracàpalam, ce que vous pourriez appeler dans votre langue une télémobile. Nous nous servons de cela pour voyager dans les planètes de notre univers matériel. » J'ouvris des yeux fort ronds, mais mon interlocuteur continua : « C'est toujours une application de la théorie des tattwas, dont vos philosophes monistes ont redécouvert une partie avec la quatrième dimension. Voici quelle est la suite de raisonnements qui nous a conduits à cette application. »

Ici mon interlocuteur me donna tout au long la théorie connue du système rationaliste hindou sur les éléments constituants de l'Univers ; théorie longue et ennuyeuse que je ne transcris pas, vu qu'elle n'est point absolument nécessaire à la compréhension du système.

« Tous les objets externes sont perçus par l'un des cinq sens, et comme chacun de ces sens ne vibre synchroniquement qu'avec une des formes de la substance universelle, les objets de perception externes peuvent se classer selon les cinq éléments que nous appelons Tattouas et dont je vous ai expliqué la nature et les propriétés. Celle de l'Ether est d'être perçu par le sens de l'ouïe ; celles de l'air, du feu, de l'eau et de la terre sont d'être respectivement perçus par le toucher, la vue, le goût et l'odorat. Ainsi ces manifestations mentales objectives causées par ces sensations variées possèdent les mêmes qualités spécifiques que les objets externes qui les provoquent. Elles ont en outre certaines qualités génériques. Par exemple, le son possède une forme. Les notes, les tons divers sont aussi fixés sur leur plan que les substances solides sur le plan terrestre ; techniquement, le minima sonifère est une masse aussi cohésive que le bloc atomique de la matière visible ; chaque forme acoustique possède dans le mental une existence immuable.

« Le son nous apparaît donc, comme nous le concevons, pourvu d'un certain moelleux. Ce moelleux, que nous appelons *Sneha*, est la qualité qui donne aux

molécules d'une substance le pouvoir de glisser faci-
lement les unes sur les autres ; et en effet, chacun sait
que les sons coulent plus ou moins, sont plus ou
moins fluides.

« De plus, le son possède une température propre ;
l'impression mentale acoustique devient souvent une
déterminante de calorique : les effets échauffants ou
réfrigérants de la musique sont bien connus.

« Enfin, le son possède une force d'impulsion ou
de locomotion (pranâmitva); il détermine des mouvements, et le mental qui entend une musique guer-
rière ou dansante connaît vite cette faculté.

« Ainsi l'éther, notre *Akashâ*, possède une qualité
spécifique, le son, et des qualités génériques : la forme,
la fluidité, le calorique, le mouvement.

« Or, il y a des classes de sons qui renferment les
uns des formes plus parfaites, qui dégagent les autres
plus de chaleur, qui enfin détiennent des quantités de
mouvement considérables ; nous connaissons ces classes ; nous savons émettre ces sons; nous savons même
les renforcer en augmentant la rigidité de la table
d'harmonie qui les apporte à la conscience, je veux
dire en portant à un haut degré la tension du mental.
Ainsi voilà un point acquis; nous possédons un mantram qui, prononcé dans de certaines conditions
d'électricité nerveuse, est capable de mettre en marche
une certaine quantité de matière, c'est-à-dire de la
soustraire à l'action de la pesanteur terrestre.

« Passons à un autre point obscur.

« La conception de l'espace est une des plus diffi-
ciles à s'imaginer. Vous autres Européens ne concevez

que l'espace physique, matériel ; c'est celui-là que
vous appelez l'espace réel ; pour nous, il est simplement l'illusoire, tandis que le véritable est celui que
quelques-uns de vos philosophes commencent à découvrir. L'espace physique ne peut pas être infini ;
c'est une vérité à la fois de tradition et de raisonne-
ment, que j'espère pouvoir vous faire sentir, en outre,
par expérience. Supposer l'espace physique infini serait
supposer un nombre infini (sa mesure) réalisé, ce qui
ne s'admet point.

« Si cet espace est fini, il a une forme, et cette forme
est sphérique, car il n'y a pas de raison pour qu'il
s'étende dans un sens plutôt que dans un autre. Quelle
est la fonction de l'espace ? C'est d'être le lieu de toutes
les créatures ; par conséquent, l'espace est le passif
tandis que le principe des créatures, Dieu si vous
voulez, est l'actif. Et ici, vous reconnaissez un des
sens symboliques des mythes de toutes les religions :
Brahm et Maya, le Verbe et la Vierge, Purusha et
Prakriti.

« Dans cet espace immense quoique fini, dont nous
connaissons, par des moyens spéciaux d'investigation,
les réelles dimensions, baignent tous les êtres, formés
de toutes les matières dont la science ne connaît
qu'une partie. Or, ces êtres, qui sont chacun commé
un genre de matière, naissent, vivent et meurent tous,
puisque, par définition, ce sont des créatures. Ces
deux points posés, revenons à notre télémobile, et
cherchons de quelles qualités une telle machine doit
jouir pour pouvoir se transporter et subsister dans
tous les points de l'espace.

« Ces qualités sont au nombre de deux : l'inaltéra-
bilité de ses matériaux et l'énergie d'une force indé-
pendante de toutes les forces cosmiques, c'est-à-dire
supérieure à elles. Il est entendu que nous restons
toujours dans le plan de l'Univers visible, le seul qui
existe pour vos compatriotes.

« Ces conditions semblent, à première vue, impos-
sibles à remplir. Voici cependant comment on a pu
résoudre ces difficultés. Il est possible aux chimistes
de nos temples, que vous appellerez alchimistes si
vous voulez, de produire des matériaux inattaquables
par les agents physiques de notre planète : atmosphère, eau, chaleur, lumière, électricité, magnétisme,
forces éthérées, etc., etc. ; mais pour fabriquer des
matériaux inattaquables aux agents destructeurs d'une
autre planète, il faudrait qu'ils connussent ces agents,
ce qui reviendrait à connaître la planète que justement
l'on cherche à explorer : cercle vicieux duquel nous
allons sortir comme suit :

« Nos observations des astres, non seulement de
leur mécanique mais aussi de leur biologie, ce que
vous appelez l'astronomie et l'astrologie, observations
conservées depuis une vingtaine de milliers d'années,
nous ont permis de dresser pour chaque planète une
table de probabilités de sa constitution, physique et
des qualités de la Vie universelle dont elle est le support. Chacun des observatoires brahmaniques établit
toutes les nuits une série de comptes-rendus, qui sont
ensuite centralisés, comparés et classés ; de sorte que
les chances d'erreurs de nos probabilités sont réduites
à une fraction très petite. Une machine donc, qui

porterait un observateur dans l'espace, à la plus grande
distance possible de la terre, et dans la direction de la
planète la plus voisine, pourrait servir à vérifier la
justesse de nos observations astronomiques et, munis
de ces renseignements certains, nos chimistes pour-
ront construire une seconde machine capable de
demeurer alternativement et sur la terre et sur la
lune.

« L'antique et vénérable Magie qui, tous les siècles,
veut bien manifester sa présence dans votre Europe,
pour recueillir les suffrages de quelques esprits d'élite
en même temps que les calomnies de la foule,
et ses enthousiasmes vils, plus humiliants que les
calomnies, n'est pas une science de métaphysique et
de songe creux ; c'est une science exacte et positive ;
les magiciens réels ne sont pas des exaltés, mais des
ingénieurs et des mécaniciens. Les naïfs qui s'hypno-
tisent devant des pentacles et des yantrams ne savent
pas que ces dessins sont les schémas d'une cinéma-
tique spéciale et dont les domaines sont ces mystérieux espaces à quatre, cinq, six et sept dimensions,
dont l'idée même semble une pure folie à vos philosophes. Il y a cependant des cerveaux qui sont actifs
dans ces espaces, qui y vivent, y travaillent, y fabri-
quent des machines, des œuvres d'art : les pentacles
sont les lignes de forces de ces machines, la charpente
de ces statues invisibles mais actives, de ces sympho-
nies inaudibles, mais fécondatrices pour les cœurs
nobles et les âmes vraiment humaines.

« Que vous considériez, avec Descartes, toute matière comme étendue et toute étendue comme matière,

c'est-à-dire l'espace plein, absolu ; — ou bien la matière comme étendue et impénétrable, avec des vides interposés, — ou que vous admettiez le système célèbre de l'harmonie préétablie ou enfin sa modification qui doue les monades d'activités externes et leur donne des forces attractives et répulsives, — aucune de ces quatre opinions ne vous empêchera de vous rallier à la nôtre. Et plus vous avancerez dans la connaissance, plus vous verrez que les doctrines traditionnelles suffisent, par leur seule présence, à vider les différends qui s'élèvent dans le champ clos de l'exotérisme philosophique.

« Oui, l'étendue est substantielle ; oui, les forces simples qui la fécondent existent réellement.

« S'emparer de l'une et des autres, tel est le double problème que la télémotive semble résoudre.

« Nous avons déjà découvert une de ces forces dans la propriété dynamique de l'éther acoustique évertué sous certaines conditions. Il faut trouver le point d'appui de cette force, un centre matériel où on puisse l'emmagasiner, enfin des appareils pour la diriger.

« Si l'on considère les éléments simples de la matière, les atomes d'éther, par définition, ces éléments simples ne peuvent avoir d'action les uns sur les autres puisqu'ils ne se touchent pas, car s'ils se touchaient, ils le feraient par toute leur surface. Il faut donc imaginer un fluide plus subtil dans lequel nagent les atomes d'éther comme les poissons dans l'eau ; ce fluide serait formé d'atomes infiniment plus petits que les atomes d'éther ; ces atomes, animés de vitesses vertigineuses, choquent sans cesse les atomes d'éther et leur servent d'intermédiaire pour la propagation des mouvements vibratoires. Ici, l'hypothèse scientifique, appuyée sur le calcul différentiel, est vérifiée par de nombreuses expériences faites au moyen d'appareils d'optique, bien plus puissants que vos télescopes et vos microscopes, et dont ce que la superstition populaire appelle les miroirs magiques sont une ébauche rudimentaire et lointaine.

« On a fait la remarque que l'homme reproduisait dans ses machines et ses ustensiles les modèles à lui fournis par la Nature. Continuons notre étude de la matière, et voyons comment elle va s'organiser; peut-être trouverons-nous, tapie entre deux petits atomes, l'idée qui nous manque pour réaliser notre machine.

« Nos savants ont calculé les volumes atomiques de vos soi-disant corps simples, et malgré toute l'incertitude de ces calculs, puisque personne ne connaît le volume réel d'un atome, on peut remarquer que les volumes atomiques des corps d'une même famille sont en rapports simples : je me dispense de vous citer M. Dumas et M. Würtz pour vous prouver cela. Si donc un heureux hasard met entre les mains du chimiste un agent capable de modifier les positions des atomes chimiques dans un corps, on conçoit la possibilité de transmuer du chlore en iode, ou le carbone en rubidium.

« Le fluide subtil dont je viens de vous indiquer la probabilité d'existence est connu expérimentalement de nos sages, depuis des siècles, c'est le *Vyoma-Pant-chaka Akasha*, dont vous trouverez la quintuple nature décrite dans le *Mandala Brahmana*. L'une de ces natures, la quatrième, le *Sourya Akasha*, est spécialement qualifiée pour l'accumulation et l'emmagasinage ; l'étude de ses propriétés nous a permis de choisir l'accumulateur matériel dont chacune des molécules peut servir de support à une énorme quantité de ces molécules spiritueuses, qui appartiennent à la quatrième dimension. Cet accumulateur est une sorte de livre en cristal : vous savez que le cristal est un produit sublimé et parfait de ce que vos hermétistes appellent le vieux Saturne ; les lamelles sont découpées suivant une forme qui rappelle celle des surfaces catacaustiques. Quand il s'agit de le charger, un de nos Sannyâsis s'entraîne à l'avance, et, parvenu à l'état de tension nécessaire, il répète sur l'appareil le Mantram secret, dix mille, cent mille fois s'il le faut, jusqu'à ce que, des profondeurs des cryptes où l'appareil est descendu pour cette opération, on entende, à la surface du sol, la vibration stridente des lamelles de cristal.

« Il a fallu trouver un cadre où placer l'explorateur de façon à le prémunir contre les attaques du milieu: changements de température, décharges électriques, incursions d'êtres inconnus, etc. Voici comment nous avons établi les termes du problème.

« Reprenons ici les théories de la pangéométrie, ou géométrie hyperbolique que des savants allemands et russes ont inventée ces dernières années. Que l'on s'en tienne au système d'Euclide ou à celui de Bolyai, la géométrie de la sphère est identique ; voici quels sont les résultats théoriques qu'il nous faut noter: c'est que, dans la nouvelle géométrie, la circonférence

teńd non plus vers la ligne droite à mesure que son
rayon grandit, mais vers une courbe limite distincte
de la droite tout en lui restant tangente; c'est l'hori-
cycle. Cette courbe parallèle à une droite engendre
des surfaces et des volumes qui se développent naturellement à l'intérieur des surfaces et des volumes
euclidiens. Ce sont ces volumes engendrés par l'hori-
cycle que nous sommes parvenus à réaliser à l'intérieur d'un corps matériel à trois dimensions.

« Ce corps, nous l'avons choisi formé d'une matière
inattaquable à tous les agents physiques connus; c'est
un métal précieux dont un battage spécial et des procédés de coction très lente ont profondément modifié
la constitution moléculaire. Ce coffre jaune et translucide que vous voyez devant vous a été dans le temps
de l'or. Comme tel il ne pouvait condenser que l'éther
lumineux, une des formes de notre Agni védique.
Les préparations que nous lui avons fait subir l'ont
rendu apte à se laisser pénétrer par ce Surya Akaça
dont je vous ai parlé déjà tout à l'heure.

« Ne le touchez pas, me dit le Brahme, à un geste que
je fis, vous vous en trouveriez fort incommodé. L'expérimentateur qui veut se servir de cet appareil doit,
au préalable, avoir fait subir à son organisme physique
un entraînement tel qu'il puisse résister sans danger
à des décharges électriques qui foudroieraient un
homme ordinaire. C'est simplement une Yoga parti-
culière à réaliser. Nous n'avons pas actuellement
de sujet entraîné dans le temple et, d'ailleurs,
l'électricité atmosphérique est en cette saison peu
favorable à cette expérience; mais si, l'année pro-

chaine, vous êtes encore parmi nous, vous pourrez voir et juger. »

Mais assez de science comme cela ; je te conterai le reste une autre fois, ma Joconde, et parlons maintenant un peu de toi, qui restes, tu le sais bien, mon plus cher souci.

Tu te plains de perdre ta fortune ; c'est là un événement tout naturel et tout prévu ; notre âme ne peut pas posséder tout l'univers quoi qu'en disent les métaphysiciens ; quand elle croit le faire, ce n'est qu'une nuageuse rêverie ; posséder les trésors, ce n'est pas imaginer ce qu'on ferait avec d'hypothétiques tonnes d'or renfermées dans des caveaux en Espagne, si j'ose dire ; c'est pouvoir prendre cet or avec ses mains et le jeter où il nous plaît. Mais l'or est une chose et la lumière intérieure en est une autre ; et malheureusement elles n'ont entre elles aucune affinité.

L'or est la mesure, le boisseau avec lequel on peut acheter des idées, des terres, des matières précieuses, des jouissances ; c'est en un mot le signe de la propriété ; la lumière, par contre, de qui l'essence est l'universalité, se refuse à ceux qui se séparent du monde en devenant des propriétaires. Voilà pourquoi les vieux rêveurs mystiques ont appelé l'or une forme infernale et l'ont mis sous le gouvernement d'un des premiers capitaines de Satanas, de Mammon.

Nous sommes si enfants que, quand il nous a été donné d'attraper le papillon après lequel nous avons couru quelques mois, nous nous figurons les maîtres du papillon ; c'est le petit insecte qui cependant nous

a mis hors d'haleine et qui nous échappe — par la
mort — dès que nous le tenons. Nous avons mis de
belles phrases autour de ces jeux de gamins ; nous
appelons ça l'amour, l'ambition, le désir de la gloire ;
quelquefois même nous élevons ces hyperboles à la
hauteur d'un mensonge au clinquant duquel nous
nous prenons les premiers. C'est ainsi qu'il y a des
hommes célèbres, des héros « morts pour la patrie » ;
d'autres « qui ont créé une race », lesquels n'ont
jamais connu d'autre sentiment que l'orgueil de la
possession et le désir de la jouissance.

Cependant, il est bien vrai que l'homme est le roi
de la nature ; mais il est ce roi par son âme, par son
principe essentiel et divin, non point par les petits instruments de travail que l'on nous prête et que nous
appelons intelligence, talent, adresse, génie, etc. Il
prend ces instruments pour son moi et, regardant la
Nature — son patrimoine — il se dit : Comment vais-
je faire pour qu'elle ne m'échappe pas ? Mais la Nature
sait d'où viennent ce cerveau, ces muscles, cette ingé-
niosité ; elle se rappelle les avoir prêtés à l'âme de
l'homme afin que celle-ci puisse utiliser les forces de
celle-là ; mais voilà que ses enfants sont lancés contre
leur mère pour la réduire en esclavage ; la mère se
défend, sans corriger trop fort les gamins ; et voilà
que l'homme qui se casse les ongles contre les obstacles crie, pleure, hurle, prend le ciel à témoin, tandis que c'est lui-même l'artisan de ses propres décon-
venues. Ah ! que nous serions ridicules si nous
n'étions d'abord dignes de pitié.

Voilà pourquoi les possesseurs — d'argent, d'honneurs ou d'hommes — sont en réalité de malheureux esclaves ; celui-là qui renonce à toutes choses les tient à sa disposition, ou plutôt la Nature lui présente, comme à son authentique suzerain, les clefs de ses palais secrets. Or, quand la vraie lumière descend dans l'âme, elle en corrige doucement l'attitude, et, lui faisant jeter un regard sur soi-même, lui montre sa position réelle en face du vaste monde. L'erreur antique tombe alors des yeux, et nous commençons à comprendre ce que je viens de t'expliquer trop confusément à mon gré. Chaque parcelle de cet or, qui te quitte, c'est une de tes vieilles chaînes qui se rompt ; une passion, c'est-à-dire une passivité, s'en va que ton âme remplace par une énergie spirituelle qui s'en prend à l'essentielle vigueur des êtres dont tu n'avais jusqu'alors possédé que l'enveloppe mortelle.

Un peu de courage donc, chère amie ; encore un peu de courage, car nombreuses sont les chaînes que nous nous sommes forgées ; et nombreux les prétextes que trouve notre paresse pour nous les faire porter un peu plus de temps.

XII

THÉOPHANE A STELLA

Toute l'humanité pleure, chère enfant ; et plus la créature est haute, plus sa sensibilité est fine, plus elle augmente son pouvoir de souffrance. Là comme

partout, ce qui est secret est plus actif et plus aigu
que ce qui est manifeste; les grandes douleurs se
cachent aux yeux du monde; elles habitent des palais somptueux, avec de magnifiques façades, des
statues et des décors; mais on les trouve dans les
réduits obscurs que connaissent seuls les familiers;
elles torturent dans le silence et dans la solitude ceux
qu'on appelle les grands, les heureux et les puissants;
où as-tu jamais vu masques plus tragiques sinon chez
les triomphateurs de l'ambition et du lucre et de la
gloire? Chaque homme célèbre porte avec lui le vau-
tour mythique qui lui déchire la poitrine, mais aucun
ne le veut avouer, et ils meurent tous par orgueil plutôt que de vivre en s'abaissant.

Cet orgueil, cependant, est nécessaire, car il est un
explosif puissant; rappelle-toi que ce qui est vrai dans
les mondes de la matière l'est aussi dans les mondes
de l'esprit; plus la roche est dure, plus la dynamite
a de prise sur elle; ainsi, plus l'âme est ferme, plus
les sentiments qui l'animent lui donnent de constance,
de force et d'énergie. Voilà pourquoi les grands con-
ducteurs d'âmes recommandent tous à leurs disciples
de garder secrets leurs sentiments, d'agir sans faire
connaître les mobiles de leurs actes, de souffrir et de
jouir en silence. L'immutabilité, l'impassibilité ne
sont-ils pas les signes esthétiques de l'Absolu?

Cependant, si nous sommes forts, nous sommes
aussi de petits enfants faibles; les grands mots pom-
peux, avec lesquels nous nous exaltons jusqu'à ce
qu'on est convenu d'appeler l'héroïsme, sont un peu
comme le sabre, le petit képi et la cuirasse de fer

blanc moyennant quoi chaque bambin s'imagine caracoler à la tête d'un régiment invincible. Chez tous les hommes, à de bien rares exceptions près, il y a l'ambition, ou l'avarice, ou l'amour, ou la haine, ou la vanité, trompettes de quatre sous, aux sons desquelles nous nous grisons avec complaisance et conviction.

Mais, pour que nous mesurions le vide d'une chose, il faut l'avoir eue à nous tout entière ; chacun de nous doit connaître tous ces efforts, ces déceptions, ces angoisses, ces triomphes, ces affres, ces transports, ces rages, ces ivresses avant que même la conception de l'universelle sérénité, de la grande compassion lui soit possible. Ce que la Loi demande de nous, c'est de vivre, le plus intensément, le plus profondément que nos forces physiques, morales et intellectuelles nous le permettent ; la Vie n'a d'autre but qu'elle-même ; c'est elle qui nous pousse dans les lacets du désir ; c'est sa force éternelle qui se reflète dans toutes les petites existences particulières ; et c'est elle que nous nous obstinons à ne pas reconnaître, fermant les yeux à ses rayons, bouchant nos oreilles à sa grande voix initiatrice ; ou tout au moins ne voulant la regarder ni l'entendre qu'à travers ces instruments imparfaits, marqués du sceau de la destruction et de la mort que sont notre intelligence et notre animisme.

— Mais alors, diras-tu, les hommes sont un troupeau inconscient qui vague au hasard de ses caprices et que nul pasteur ne dirige vers les bons pâturages ? Non, nous avons des guides, et de nombreux ; mais différents en cela des bergers de la terre, ils ne pren-

nent soin que de ceux qui viennent à eux et nous laissent libres de les suivre ou de vivre à notre guise ; les
moutons voient leur berger, mais ils ne connaissent
pas le maître de la ferme à qui obéit le berger ; ainsi
nous pouvons connaître nos pasteurs et leur parler,
mais les maîtres de nos gardiens sont cachés à nous ;
ils vivent ailleurs, dans la ville, où ils travaillent
avec plus de profondeur et de généralité ; leur sphère
est hors de nos conceptions ; nous ne pouvons pas
les comprendre, mais seulement, de temps à autre,
reconnaître leur présence invisible à quelque plaisir
inattendu, à quelque soulagement à nos travaux.

Lorsque donc nous avons tendu jusqu'à les rompre
toutes les fibres de nos énergies psychiques, lorsque
les réactions que nos étourderies provoquèrent de la
part de la Nature deviennent trop fortes pour que
nous leur résistions, nous commençons à soupçonner
que l'homme deviendra peut-être le roi de la création,
mais qu'il ne l'est pas encore ; nous étions montés jusqu'alors le long des flancs de la montagne du Moi ;
nous allons en redescendre les pentes abruptes ; nous
partons de l'orgueil vers l'humilité, de la gloire vers
l'obscurité, de la richesse vers la pauvreté. Dieu a,
dès lors, vaincu l'homme ; la créature aperçoit le sen-
tier véritable, et son cœur va ressentir avec joie toutes
les douleurs de cette agonie mystique, par laquelle il
lui est donné de mourir à lui-même pour renaître
plus tard dans la Lumière éternelle et dans la Béati-
tude de l'Esprit.

Tel est l'avenir qui nous attend tous ; tel est le che-
min par lequel ton âme, chère pénitente, va être con-

duite; beaucoup de sollicitudes ont, dès maintenant, les yeux ouverts sur toi; tu ne seras jamais seule, pas plus qu'aucune autre âme; l'Éternel est seul, mais toutes ses créatures ont des parents et des amis.

XIII

ANDRÉAS A STELLA

Deux mots pour te dire une histoire, chère Stella.

Il y avait avec nous, pendant une excursion, un de ces professionnels charmeurs de serpents appelés soupadhas; c'était un vieil homme silencieux qu'on nommait Hamira Bhangorr; né à Bahowal, dans le Hashiarpar, il avait rôdé un peu partout et rendu pas mal de services, disaient les Saïs, à Nana-Sahib.

Il vit un cobra mordre notre cornac; aussitôt se précipitant sur le serpent, il lui présenta un morceau de résine rouge sombre, ovale, qu'il portait constamment sur lui; le reptile s'enfuit dans les hautes herbes; Hamira appliqua d'abord sa résine sur la plaie qui était déjà noire, puis un morceau de racine sèche et, en quelques minutes, l'enflure disparût, quelques gouttes de sang perlèrent sur la peau, et le cornac put reprendre la marche. Hamira se tourna vers moi pour m'expliquer que sa résine était la bave solidifiée du Markhôr, le cerf tueur de serpents, et la racine était celle de la plante dont le Markhôr se sert comme contrepoison. Je savais par expérience qu'il ne faut jamais sourire d'un Oriental si on tient à ne pas perdre pour toujours sa confiance; j'écoutai son histoire sérieusement.

XIV

THÉOPHANE A STELLA

La femme est un cœur; l'homme est une intelligence ; l'une est amour, l'autre est science ; et laissez-moi ici, chère affligée, vous raconter une de mes rêveries favorites. Vous savez que la plus chérie, parmi toutes ces imaginations où on a dû vous dire que je me complais, c'est l'idée que tout ce qui existe vit ; mais non pas de cette vie collective et muette que les savants attribuent à leurs forces et à leurs combinaisons atomiques, mais d'une existence réelle, objective, concrète, libre et responsable.

Tout ce qui est tangible sur notre terre, les objets naturels, les inventions de l'homme, les idées des philosophes, les volontés légiférantes des rois, les besoins de la foule, les plus humbles morceaux de matière que nous avons assouplis pour notre commodité, tout cela sont des êtres vivants et individuels comme vous et moi ; comme nous aussi, ils ont quelque chose de visible, de sensible et quelque chose d'invisible ; comme chez nous encore, c'est leur invisible où se cache leur force. Les caractères même que ma plume trace sur ce papier ont un esprit qui les vivifie.

Mais ici, ne tombons point dans un fétichisme idolâtrique : cet esprit vivifiant n'a d'énergie qu'autant que moi, scribe, formateur de son corps, lui en insuffle par ma pensée, et que la pureté de ma pensée ou de mon intention est capable d'attirer le type éternel de la Vie qui flamboie quelque part au delà des mondes. Ces caractères ne jouiront que d'une vie temporaire ; si vous déchirez ma lettre, ils deviendront une tribu anarchique de petits sauvages ; si vous la brûlez, ils mourront à la vie physique pour renaître ensuite à une autre forme d'existence.

Tout ce que je viens de vous dire, d'une façon confuse sans doute, est vrai aussi pour les mots : Un idiome est, pour rénover des formules chères à M. de la Palisse, un idiome, non seulement des langues parlées sur cette terre, mais aussi de toutes les langues parlées dans toutes les planètes, où peuvent vivre des êtres possédant le don de la parole : donc, si vous ne trouvez pas le saut trop grand, un mot est une image microscopique de la Vie universelle, ou mieux d'un des êtres qui la contiennent.

Sentez-vous maintenant que si j'écris ou si je prononce les mots : quatre, pensée, bien, etc., je dessine avec une plume ou avec ma voix, une petite photographie, déformée, d'un être : le Quatre, la Pensée, le Bien, etc., qui dresse sa stature gigantesque sur le sommet d'une montagne inconnue ou qui marche sur les flots éthérés de quelque fleuve cosmique ? Cela peut-être à cent mètres de la surface du sol, ou par delà Sirius ; car la matière est pénétrable, il y a plus de trois dimensions dans l'espace ; que savons-nous ?

Et, si la Stella civilisée s'effraie de ces paradoxes, qu'elle écoute un peu la Stella sauvage qui sait bien, elle, que l'âme de l'homme est toujours attachée au vrai absolu, et que, par suite de cette union, plus intime que les philosophes et les prêtres ne l'imaginent, l'homme ne peut pas procréer quelque chose de totalement faux.

Ainsi, cet admirable symbolisme de la nature, cette végétation libre, produite par le mariage des efforts de la raison humaine et des secours de la bonté divine, fait que dans le langage courant se cachent des vérités profondes.

On emploie mille fois par jour le mot « amour » ou le mot « raison ». Qui se demande pourquoi le premier est du genre masculin, le second du genre féminin ? Pourquoi l'un exprime le charme de vos sœurs, Stella, et l'autre la force de mes frères ?

Je vous ai parlé sacrifices l'autre jour : voilà le second à faire : oubliez les livres, ils ne sont pas faits pour vous ; plongez-vous dans la vie maternelle et féconde ; écoutez avec votre cœur les battements de son cœur. Laissez les savants dénombrer les formes de la matière, les armées des astres, les légions de plantes ; laissez leurs instruments et leurs algèbres, vos mathématiques doivent être les rayonnements du Dieu qui est en vous ; vos microscopes, ce sont les efforts de votre charité toujours en éveil. Servir est votre devise.

XV

ANDRÉAS A STELLA

Tu es dans la main de Théophane, amie que je recommence à aimer d'une tendresse nouvelle ; je t'avais prévenue. Maintenant que tu as mis le pied sur la route, il faut la parcourir jusqu'au bout; telle est, du moins, la loi selon mes terribles Orientaux. Je suis moi-même dans une position analogue; tout mon édifice intellectuel s'écroule, et il faut que je marche, impassible, sans jeter un regard en arrière, sans donner un adieu à tous ces pensers, péniblement conquis depuis mon adolescence. Ces Brahmes ont une profondeur de caractère, une détermination, un absolutisme dans l'acte qui nous effraient, nous autres dilettantes français. Ce ne sont plus des hommes, ce sont des forces de la Nature. L'empire qu'ils possèdent sur eux-mêmes a quelque chose, à mon sens, d'extra-humain; on dirait que leur âme a subi comme une transplantation ou mieux qu'elle a été greffée sur quelque essence venue d'une terre impavide et plus haute. Bons pères, bons fils, bons époux, bons patriotes, là où ils me déconcertent, c'est dans la force qu'ils déploient au milieu des luttes de la pensée et des combats mystérïeux soutenus contre les forces inconnues, plus indomptables que l'onagre du Turkestan. Rappelle-moi, à ce propos, une seconde histoire qu'il faut que je te conte un jour où ils me laisseront quelque répit. Ces phases douloureuses où l'être psychique semble se désagréger comme un champ que l'on retourne pour être ensemencé à nouveau, ils les disent utiles et nécessaires, et je commence à croire avec eux que, dans l'âme, comme sur la terre, aucune fleur ne pousse sans que la graine ne soit morte auparavant. Piètres consolations, diras-tu; hélas! je ne suis pas enchanteur et, séparé de toi par des milliers de lieues, l'espace reste pour moi une barrière; elle tombera un jour, me disent mes Maîtres, je souhaite de tout mon cœur que Théophane la fasse aussi tomber pour toi. Pardonne-moi de te quitter si vite ; il faut que je retourne au laboratoire, si on peut appeler d'un mot qui évoque les salles froides et décorées d'armoires des universités d'Europe, une cour où les pierres disparaissent sous la poussée des lianes, où l'air est saturé d'aromes, où la lune remplace les lampes électriques, où maîtres et élèves sont vêtus de robes blanches au lieu de redingotes, où enfin les leçons sont dites en vers. Que voilà encore quelque chose qui ferait bondir les professeurs du Collège de France s'ils pouvaient s'en douter. Enseigner de la physique et de la chimie en phrases rythmées ! Prétendre unir la beauté et l'exactitude, le souffle poétique et la rigueur expérimentale ! Cela est cependant, grâce à l'admirable instrument que devient le sanscrit manié à l'orientale et non plus à la Bopp ou à la Max Muller. Mais te dire tout cela serait bien long ; et puis, j'ai promis la discrétion sur beaucoup de choses et les hommes avec qui je vis sont discrets d'une sorte inouïe, on dirait qu'ils ont appris un art d'oublier, comme nous inventons en Occident des systèmes mnémotechniques. Que de choses nouvelles à te dire !

A bientôt, ô toi qui seras peut-être un jour mon bon génie.

XVI

THÉOPHANE A STELLA

Permettez que je vous appelle mon enfant. Le jour n'est pas loin où je pourrai pour vous quelque chose qui excusera un peu ce que ce titre a de protecteur, car nous sommes tous les enfants du même Père, et nous valons tous autant à Ses yeux. Mon enfant, disais-je, j'avais commencé à vous parler de l'Amour, et son inéluctable épouse, la Mort, est venue aussitôt vous visiter. Car cette tristesse, ce découragement, ces doutes, le désespoir, la morne indifférence pour tout, ce sont les formes d'une des morts les plus douloureuses qu'il soit donné à l'être humain de subir. Je dis « donné », car ces souffrances sont bénéfiques et salvatrices ; je ne vous dirai ni pourquoi, ni comment vous allez vivre et alors vous comprendrez tout. Votre ami, Andréas, avait une recette qui vous aurait aidé à supporter ces tortures ; il ne vous l'a pas dite, non seulement parce qu'on lui avait ordonné le silence, mais surtout parce qu'il ne vous croyait pas capable de la mettre en pratique.

Cette recette, la voici : elle consiste essentiellement à découvrir dans le fond de notre conscience le piédestal où trône notre vrai moi, à escalader ce piédestal et à regarder de là nos soldats se battre : la pensée qui s'effrite, le cœur qui perd son enthousiasme, la volonté qu'abandonne la foi. Mais cette recette est dangereuse, car on arrive ainsi à ne plus s'intéresser à la Vie, et nous péchons gravement toutes les fois que nous négligeons d'agir. Nous sommes des soldats et des laboureurs, notre devoir est de nous battre contre les ténèbres, et après les avoir vaincues, de défricher les déserts qu'elles habitaient. Les livres sont des instruments de travail, la science n'est pas un but, mais un moyen.

Votre cœur de femme fait que vous sentez toutes ces choses; il ne faut pas vous borner là. Vous aimez Andréas, votre amour est un ange vivant ; envoyez-le-lui ; il ne connaît pas les distances; l'Esprit est partout à la fois ; vous aurez à soutenir l'exilé, à le guider peut-être, tout au moins à intercéder pour lui. Vous connaîtrez ainsi, par expérience, quel glaive invincible est l'Amour, pourquoi et comment il est actif, pourquoi la science est passive et de quelles essences se nourrissent les hommes parfaits. Tel est le Grand·Œuvre qu'il vous sera donné d'accomplir, vous deux.

Déjà maintenant, n'êtes-vous pas secrètement avertie par des touches légères au dedans de vous-même de ce qui arrive d'heureux ou de néfaste au bien-aimé? L'Amour grandit dans la mesure où il se donne. Aimez donc tous ceux qui sont autour de vous, et vous aimerez d'autant plus profondément celui avec qui vous serez une seule âme un jour.

XVII

ANDRÉAS A STELLA

Pendant que cuisent lentement dans un bassin de cuivre des sucs végétaux, je vais pouvoir, tout en sur-

veillant le feu, m'acquitter de la première partie de
ma dette.

Tu te rappelles que je t'ai promis l'histoire d'une
cérémonie du moderne sivaïsme ; si j'ai pu y assister
quoique Européen, c'est grâce à ma connaissance des
usages et de la langue du pays, et aussi parce que le
soleil a fait de ma peau une chose semblable à un
épiderme de yogi ; d'ailleurs, mes amis de la pagode
de Ganéça m'avaient accompagné. Ceci se passa quelques mois après mon arrivée dans le pays.

Il faut te dire tout d'abord que, dans la plupart des
villes du Malabar, la religion est double ; il y a celle
qu'on suit officiellement, au grand jour, puis l'autre
dont on s'occupe dans l'ombre, la nuit ; la première
n'est plus qu'une suite de rites compliqués. La seconde, nettement mauvaise, gagne ses adhérents par
quelque chose qui ressemble à tout ce que l'on raconte
des anciens sabbats de sorciers. Et les Hindous, quelle
que soit leur caste, la plupart de leurs prêtres, aussi
peu instruits des mystères que le dernier des Soudras,
se retrouvent, en de certaines nuits, dans la jungle,
pêle-mêle, toutes distinctions confondues, le riche, le
pauvre, le guerrier, le comédien, le lutteur, le domes-
tique, emportés par la même frénésie, dans un formidable tourbillon hystérique.

Le lieu de la réunion était un vaste plateau rocailleux, où le soin des prêtres et de la secte avait, sur un
espace assez vaste, débarrassé le sol des arbrisseaux
épineux qui le couvraient partout ailleurs, car les
terrains où croissent des ronces sont très agréables à
Shiva. Il y avait là, pour tout temple, une sorte d'es-

trade de pierres, sur laquelle se dressait un bûcher,
préparé à l'avance. et aux coins, les lingams classiques.
La cérémonie comportait un festin et une cérémonie
religieuse. Le festin, préparé par quelques fidèles éta-
blis à demeure sur la lisière de la jungle environnante,
se distingua par une abondance pantagruélique et par
la violation systématique de toutes les règles que les
dieux ont donné aux hommes pour connaître les aliments permis ou défendus. Les gibiers, les viandes illi-
cites, les liqueurs alcooliques, les vins épicés, les racines chaudes, rien ne fut épargné pour allumer dans
le sang des convives un feu qui, à mon sens, devait
servir beaucoup à la partie religieuse de la fête.

Contrairement à ce qui a lieu d'ordinaire, dans les
réunions de Shakteias, il n'y avait pas de femmes
dans notre assemblée, mais le fait de se trouver entre
hommes n'ôta point aux assistants cette gravité si
souvent imposante sous laquelle l'Hindou cache toutes
ses émotions ; l'ivresse même où beaucoup tombèrent
fut digne et sobre. Je ne connais que des lords qui
puissent supporter tant d'alcool avec le même flegme.
Mes guides et moi nous étions prudemment abstenus
du festin ; il nous aurait été autrement presque impos-
sible de résister au vertige dont toute l'assemblée allait
devenir la proie.

Après le festin, les assistants, sous la direction de
quelques chefs, commencèrent une danse lente et com-
pliquée dont les figures symbolisaient, paraît-il, la
légende de Dourga. Pendant ce temps, quelques vinas,
des tambourins et une espèce de clarinette, soute-
naient en mineur une psalmodie chantée ou plutôt

murmurée par neuf prêtres. C'est ici que commence le côté bizarre de la réunion.

A mesure que ces danses se prolongeaient, des vapeurs semblaient s'élever du sol, pourtant desséché par le soleil ; elles se condensaient, visibles, sous les rayons de la lune, au centre de chaque ronde de danseurs ; puis du santal, arrosé d'une huile fétide et macabre fut allumé sur le bûcher ; on jeta dans le feu diverses poudres, du beurre fondu, des ossements qui me semblèrent venir d'enfants, et les assistants s'unirent de façon à ne former qu'un cercle mouvant tout autour de cet autel improvisé ; les nuages que j'avais aperçus vinrent aux côtés du foyer, et à mesure qu'un danseur tombait d'exaltation sur le sol, une forme semblable à une femme se détachait de cette vapeur blanche, s'approchait du crisiaque, et peu à peu le plateau tout entier devint le théâtre d'une orgie de luxure auprès de laquelle pâlirent et le *Satyricon* et Louise Sigée et les dessins de Jules Romain. Le phénomène était certainement objectif, car, je te le répète, dès que je m'avançais de quelques pas vers le centre de la scène, je sentais des courants magnétiques d'une puissance irrésistible me saisir au cervelet.

N'est-il pas curieux de retrouver partout les mêmes rites quand l'homme veut diviniser le pouvoir de création physique que la Nature lui prête?

Demain, je pense avoir le temps de m'acquitter de ma seconde dette. Que les Devas veillent sur tes nuits, chère délaissée ; pense quelquefois à celui qui pense trop peut-être à toi.

. . . .

Je veux aujourd'hui finir l'histoire de la télémobile en te donnant de nouveaux détails; je te prierai, pour ne pas recommencer des explications ennuyeuses, de te reporter au commencement de mon compte rendu « scientifique ».

Je t'avais dit que les Brahmes considèrent le fluide sonique comme le plus élevé des fluides telluriques, et comment ils établissent une relation étroite entre ses vibrations et celles de la pensée. Si donc il est possible d'inventer un métal bon conducteur du son à un très haut degré, on en construira des armatures que l'homme ou plutôt la force d'un cerveau spécialement entraîné pourra charger à volonté. On aura dès lors une source d'énergie supérieure à tous les dynamismes terrestres.

Mes Maîtres ou plutôt leurs ancêtres ont trouvé ce métal. Sa fabrication demande des soins infinis ; la matière qu'ils emploient est un minerai d'alumine. Mes renseignements se borneront là. Toujours est-il que dans cette caisse transparente dont je t'ai parlé se trouve l'accumulateur en cristal. Quand il faut le charger, sept prêtres se soumettent au préalable pendant quarante jours à un entraînement rigoureux. Ils ne mangent qu'une fois par jour d'une sorte de bouillie de viande de poisson, la cellule où ils vivent est peinte en mauve, les murs sont décorés de dessins représentant les diverses variations de la force qu'il s'agit de capter. Ils passent leur temps dans un état analogue à l'hypnose, obtenu par la répétition d'un mot : le mantram du son. Les époques de ces entraînements sont déterminées au préalable par une étude soigneuse des mouvements magnéto-telluriques. Six de ces prêtres chargent la machine par l'imposition des mains pendant sept jours, durant lesquels ils observent un jeûne rigoureux. Le septième, qui est l'expérimentateur, reste dans la cellule et n'entre dans la cage métallique qu'après le chargement. Ces hommes offrent alors un aspect fantastique. Ils ne peuvent sortir que la nuit, car les rayons du soleil leur brûlent la peau. Leur teint est devenu semblable à de l'ivoire; leurs yeux agrandis brillent d'un éclat insupportable. Tous leurs mouvements sont comptés; ils économisent les moindres dépenses de force.

La septième nuit enfin, dès le soleil disparu, la machine est transportée dans la cellule où ont lieu les entraînements; les six auxiliaires s'asseoient le long des murs; le septième entre dans la caisse dont la paroi translucide permet de voir ses derniers préparatifs. Il est nu, tout son corps est enduit d'un vernis spécial qui en obture les ouvertures; un bâti isolant lui permet de s'étendre suivant le plan diagonal de l'appareil; sous son dos se trouvent les accumulateurs; devant ses yeux est un disque d'or bruni; à portée de ses mains des poignées en cristal de roche commandent les prises de courant. Ses pieds s'enfoncent dans deux petites caisses remplies d'une poussière noire qui est un charbon fait avec le bois d'une sorte de laurier. Il faut se souvenir que l'opérateur ne peut plus respirer dès qu'il est entré dans l'appareil; il peut cependant accomplir des mouvements volontaires, puisqu'il tourne seul les leviers de cristal. Tout cela se fait en silence; les aides, lèvres et yeux clos, semblent des statues. On m'avait ménagé, pour que je puisse voir sans danger, une petite cellule adjacente avec un carreau de verre violet. Le local d'expérimentation est, paraît-il, intenable pour qui n'a pas subi les entraînements voulus ; les ondes fluidiques qui y sont condensées peuvent affecter gravement les nerfs cérébro-spinaux.

En cinq minutes, je vis donc ces sept hommes faire leurs préparatifs; nous étions enfouis à une centaine de mètres sous terre, dans le silence le plus absolu. Je vis les mains de l'opérateur abaisser deux leviers, comme font nos chauffeurs en Occident pour changer de vitesse; un sifflement perçant me vrilla les tempes, et la caisse d'or transparent avec son mécanicien disparut tout d'un coup. Je n'en voulais pas croire mes yeux ; j'étais éveillé, conscient, sans fièvre, sans exaltation ; je n'avais pris le matin que quelque peu de miel recueilli de mes mains ; je n'étais pas halluciné. Il y avait donc eu ce que les spirites appellent une désintégration. Je restai là plusieurs heures sans que les six statues vivantes aient fait un mouvement Sankhyananda vint me chercher, en me promettant de me faire revenir au retour de l'étrange voyageur. Comme je lui exposais mes doutes, il m'affirma qu'il y avait eu, en effet, désintégration. « Le métal de cet appareil mystérieux, me dit-il, est saturé si intimement de fluide sonique, que son image, sa carcasse invisible persiste dans la cellule; il en est de même pour le corps de l'opérateur. Tous les jours, votre pensée vagabonde en Chine, en France, dans la lune, mais ces voyages-là sont réels; vous émettez des petits voyageurs, invisibles à vos yeux de chair, et qui retournent à leur point de départ, qui est, pour vous, l'endroit où repose votre moi physique. Mais pour nous, notre moi est là où est notre volonté. Si je pense à Paris, mon moi est réellement à Paris. Donc, il m'est possible d'y transporter aussi son enveloppe physique, à condition que je laisse ici un noyau où elle pourra se reconstruire; c'est ce qui a lieu dans la chambre sous nos pieds. Avez-vous remarqué qu'une figure géométrique était dessinée sur le sol à l'endroit où se trouvaient les accumulateurs? C'est cela le noyau de reconstitution de la machine et du voyageur. »

Je trouvais alors tout cela absurde et fou. A l'heure actuelle, ces idées me paraissent toutes simples. N'en conclus pas, chère aimée, que c'est moi qui suis devenu fou.

Quelques jours plus tard, Sankhyananda vint me prendre et me reconduisit dans le petit cabinet vitré. Je trouvai les six aides dans la même position. A un certain moment, une fluorescence traversa la pénombre; alors les six étendirent leurs mains vers le petit dessin gravé sur le sol; une vapeur flotta puis envahit presque toute la chambre, et sans aucun bruit, la caisse d'or et la momie étendue furent là de nouveau. Les aides prirent l'opérateur, le transportèrent en courant dans une autre cave, où ils le plongèrent tout entier, à plusieurs reprises, dans un bain chaud qui fit fondre le vernis; il fut frotté et massé; on lui donna quelques aliments et il re-

monta vers le plein air, comme s'il n'était pas le héros
de l'odyssée la plus fantastique qu'un poète puisse con-
cevoir.

Les aides avaient, pendant ce temps, mis tout en
ordre, fermé les issues et réinstallé la douracâpâlam
dans le laboratoire ; ils passèrent le reste du jour à
inspecter minutieusement les parois de la cellule, pour
y combler les moindres fissures.

Que l'intelligence de l'homme est grande, ma chère
Stella ! Et ces savants prodigieux reconnaissent vo-
lontiers qu'ils ne savent même pas l'alphabet entier
de la Science totale ! Ces aveux devraient me décou-
rager : ils ne me donnent que plus d'ardeur au travail.

XVIII

THÉOPHANE A STELLA

Les nouvelles que vous envoie Andréas sont une
épreuve pour vous, mon enfant, en ce sens que les
choses merveilleuses qu'il vous raconte pourraient
vous donner l'envie de manger du fruit défendu,
comme dit Moïse. Vous avez déjà compris que ce
fruit défendu n'est pas la science de la vie, mais bien
la science de l'intelligence. Ce n'est pas sans raison
que Lucifer est le premier des savants ; il porte en
effet une lumière, mais elle est glacée par l'orgueil,
elle meurt de la volupté d'être seule. Le type inconnu
du savant, celui dont rêvent, sans pouvoir heureusement le réaliser, tous les hommes que la force de leur
pensée enivre, c'est cet archange déchu, créé pour la

Vie et à qui son orgueil fait préférer l'image de la Vie ; parce que dans cette dernière il règne, et tandis que dans la première il lui faudrait servir.

Tous les hommes passent à un moment donné par la même épreuve ; celui que vous aimez n'est pas loin de franchir ce tournant redoutable. Ah ! que les forces de votre amour s'exaltent pour émouvoir les anges qui le protègent. Faites-vous des amis, beaucoup d'amis pour que vous trouviez des auxiliaires au moment du combat. Amassez un trésor où il vous sera facile de puiser dans quelque temps.

Vous savez que vous ne pouvez rien faire si la Nature ne vous prête des milliers de serviteurs ; que de combinaisons, de rivalités, de protections ne faut-il pas pour que vous traversiez un carrefour sans qu'un cheval vous renverse. Aucun de vos actes n'est donc indifférent, et comme la volonté qui les dirige est celle-là même qui, dans le cours des siècles antérieurs, vous a toujours plongée de plus en plus profondément dans les mirages du Moi, de l'Égoïsme, dans les splendeurs fausses de la Lumière Noire, apprenez donc peu à peu à remplacer cette volonté par le souhait des êtres qui vous entourent. Essayez-vous à faire la volonté des autres, vous arriverez vite à faire la volonté du Père ; et quand vous en serez là, vos actes seront vivants dans l'éternel, parce qu'ils seront accomplis par le Verbe, fils unique de Dieu.

Sentez, chère enfant, comme ces choses sont vraies. Votre cœur ne bat-il pas plus fort à lire des enseignements qui ne sont pas miens d'ailleurs ; je vous les transmets comme on me les a transmis. La fidélité

avec laquelle vous les publierez à votre tour sera donc
la mesure où vous sentirez votre néant, où vous brû-
lerez du feu inexprimable de l'Amour divin.

Que votre vie soit une prière ininterrompue.

XIX

ANDRÉAS A STELLA

C'est aujourd'hui, bien-aimée, que je termine mon
dernier conte fantastique. Il est vrai, cependant, et
l'impression que j'ai ressentie à le vivre a été si profonde
que beaucoup d'idées ont mûri en moi, et la possibilité d'une synthèse m'apparaît enfin. Mais ne faisons
pas trop de métaphysique ; contentons-nous avec de
la physique transcendante.

Mes maîtres croient que les forces physico-chimi-
ques qu'ils étudient ne sont pas éparses çà et là dans
le vaste domaine des faits biologiques ; ils estiment
qu'il y a sur la terre des analogues plus vastes de ce
que nos physiciens appellent un champ électrique,
qu'il y a une région électrique ou mieux un règne de
l'électricité, du magnétisme, du son, ainsi de suite
comme il y a un règne des minéraux ou des plantes.
Entre cette hypothèse et le désir de la vérifier, il n'y a
qu'un pas, que ces logiciens absolus franchirent de
suite. Mais comment percevoir ces règnes des forces
fluidiques ? Il fallait ou trouver des appareils sensi-
bles à leur action, pour prolonger le pouvoir de nos
sens, ou trouver une éducation spéciale de notre système nerveux sensoriel. Si ces Brahmes eussent été

des matérialistes purs, ils auraient cherché selon la première méthode ; s'ils avaient été simplement mystiques, c'est la seconde qu'ils eussent choisie. Mais leur mode d'étude consiste à concilier ces extrêmes du matérialisme et de la mystique ; ils ont donc employé une méthode mixte.

Voici comment je puis t'en rendre compte. Prenons comme exemple le magnétisme ; ils ont cherché à créer un plan magnétique artificiel, puis à connaître les fonctions de la force magnétique dans l'homme et enfin à mettre les deux centres en présence. Pour créer ce plan magnétique artificiel, il leur a fallu dresser des tables de variations ; ils ont trouvé les mouvements les plus frappants du magnétisme terrestre en rapport avec certaines phases de la lune et avec certaines taches solaires.

De plus, ils ont étudié, dans le corps de l'homme, les vibrations de cette même force, et ils ont trouvé que son centre de rayonnement paraissait être le nombril.

Tu sais que les somnambules d'Europe voient dans leur extase, par le plexus solaire, ou par les doigts ; au point de vue psychologique cela veut dire que la qualité sensitive du fluide nerveux a été transfusée dans des nerfs de la vie végétative. Les Brahmes connaissent de longue date cet art de rendre conscient le système nerveux du grand sympathique ; c'est une partie de ce qu'ils appellent la yoga. Il leur a donc été facile de trouver une série d'exercices permettant de sentir et de penser par le plexus ombilical.

Dès lors, leur entreprise était presque menée à

bien. Il ne s'agissait plus que de mettre un sujet entraîné en rapport avec le point de l'espace et le moment où devait se produire un fort rayonnement magnétique ; dans cette vague, l'expérimentateur serait entraîné, en observerait les mouvements et les effets grâce à un point d'attache soigneusement conservé avec le plan physique, pourrait venir prendre pied avec le monde ordinaire en profitant d'un afflux fatal. Ainsi ferait un plongeur dont le séjour dans la mer ne serait pas restreint par les nécessités de la respiration.

Lorsque ces explications et beaucoup d'autres que je ne reproduis pas, m'eurent été données, je m'informai aussitôt s'il me serait possible de participer à une expérience de ce genre. On me répondit oui en principe, mais c'était une chose dangereuse, l'entraînement était long, délicat, pénible ; on risquait ses facultés cérébrales, sa santé, etc... Je répondis simplement que mes instructeurs jugeraient mieux que moi de mes capacités, et nous parûmes de part et d'autre oublier ce projet.

Cependant, quelques mois plus tard, Sankhyananda m'apprit que l'on était décidé à tenter une expérience de ce genre pendant l'hiver ; on avait tout lieu de prévoir pendant une semaine au moins quelques tremblements de terre sur une ligne qui passait par notre temple, et on n'était pas fâché, à cette occasion, de vérifier quelques vieux documents.

On voulut bien m'accepter parmi les cinq opérateurs. Il s'agissait, en somme, suivant le principe déjà énoncé, d'amener, en un point donné, une grosse partie de la force souterraine mise à l'étude. La loi

7

qui fait que l'eau s'écoule tout naturellement dans le bassin qu'on lui creuse, agit aussi, pour toutes les forces de la Nature, que les Brahmes considèrent comme des substances. Celle qui nous occupe, et qu'ils ont appelée la Tempête-des-Régions-Souterraines, devait être attirée magnétiquement par la création d'un pôle d'une force artificielle analogue et de sens contraire.

Nous eûmes donc des semaines d'entraînement préalable : il y avait des attitudes à garder, des paroles à méditer et à répéter mentalement, un rythme spécial à donner à la respiration, et beaucoup de choses encore à observer. Je ne sais ce que ces travaux donnent de réel et d'éternel à l'âme, mais ils procurent à l'homme une allégresse physique et mentale délicieuse ; on est jeune, les sens actifs, la pensée lucide, l'entendement clair comme un lac tranquille, les choses vous sont amies, la sérénité de la Nature vous pénètre, on se trouve dégagé de l'inquiétude, de l'appréhension, de la souffrance où se débattent les pauvres humains.

Nous commençâmes notre expérience un après-midi avant le coucher du soleil ; on avait choisi pour cela un petit cirque de rochers, aux environs ; le chef de l'entreprise nous avait fait nettoyer le sol ; on l'avait décoré de diverses figures et de lettres qui exprimaient les propriétés de la Tempête-Souterraine ; les poudres, les couleurs, les parfums, les bois, les habits, l'orientation étaient choisis selon ce que l'on avait cru découvrir de semblable à la force inconnue parmi le règne minéral, le végétal, dans le plan de la lumière, des odeurs, des espaces. On me recommanda simple-

ment de ne pas bouger de ma place sous aucun prétexte, même si la terre semblait s'ouvrir à mes pieds.
Nous nous assîmes à des endroits désignés d'avance,
et nous entrâmes dans un de ces états psychiques qui
précèdent l'extase et qu'ils appellent *Dhyâna;* j'étais
encore conscient du plan physique; je voyais mes
compagnons, notre chef qui, debout et nu, à quelques
mètres devant nous, murmurait ses mantrams, mouvant des baguettes allumées à la main, tandis que
brûlaient des algues nauséabondes. Je me sentais
aussi descendre dans un lieu obscur, semblable à un
très vieux palais ; les colonnes et les habitants de ce
palais faisaient tache sur l'horizon, sur les pierres et
les arbres rares de la prairie, comme dans les photo-
graphies spirites on voit le fantôme voiler les contours des meubles. L'air aussi semble devenir plus sec,
et quoique je ne puisse plus sentir l'intolérable odeur
de l'assa fœtida, parce que la respiration n'a lieu
dans l'état où je me trouvais que toutes les demi-
heures environ, un autre goût, comme dit le peuple,
m'envahissait la gorge et les narines. Lourd, gras,
amer, humide, avec des traînées aigres, cet horrible
parfum s'accompagna tout d'un coup du bruit énorme
d'un tonnerre assourdi, dans le centre d'émission
duquel nous nous serions trouvés. Tous les os de
mon corps répondaient à ces vibrations profondes ; je
commençai à souffrir, comme lorsque dans un cau-
chemar on a la sensation d'une chute sans fin. Les
muscles de mes jambes se contractaient involontai-
rement, car mon corps physique avait peur et voulait
fuir ; mais je savais que quitter la place, c'était la

mort pour moi et pour mes compagnons; on ne s'expose pas impunément aux rayons découverts des forces secrètes de la terre.

Ajoute à ces angoisses l'inquiétude d'ignorer, de ne pas savoir quoi faire, d'être à la dépendance du maître : le temps que je passai là fut fort désagréable et me parut très long. Or, tandis que j'essayais de rester à mon poste en m'endormant, je vis un peu au-dessus de nos têtes deux yeux qui nous regardaient tous les cinq à la fois avec de la curiosité, de la ruse, et un sentiment supérieur de puissance; une tête ronde et immobile, couronnée, se dessina; puis un corps dressé sur une jambe, l'autre repliée; des vêtements somptueux, des joyaux inouïs; seulement, aux épaules s'attachaient des bras multiples, une vingtaine peut-être. Deux d'entre eux faisaient, immobiles, devant la poitrine, le geste qui allume le feu magique d'En-Bas. Les autres semblaient des ondes vibrantes tant ils se mouvaient avec rapidité. Et à contempler ce géant fantastique, dessiné en noir sur du noir, vu à la lueur d'éclairs rouges partis de quelqu'une de ses mains j'avais la sensation d'une énorme machine à fabriquer de la force, machine intelligente, vivante, mais obéissante comme un monstre antédiluvien domestiqué; le froid de la frayeur nous étreignait les reins; la moelle nous gelait dans ce grondement sourd et pénétrant. Un instant, je revis le corps nu du maître ruisselant de sueur. Les feuilles sur lesquelles nous étions accroupis devinrent jaunes; à ce signe, nous connûmes que la Présence des Régions-Souterraines avait fini de parler : tout le fantôme disparut, en effet, sous les rayons de la lune déjà haute. Il y avait six heures que nous étions là, luttant contre la peur intuitive, la plus terrible de toutes les peurs.

La nuit suivante, après avoir dormi tout le jour, car mon système nerveux n'a pas la puissance de celui des Hindous, je reconnus avoir fait un grand pas.

· Je vis clairement les forces qui mènent le monde se dévoiler peu à peu suivant la mesure de celui qui les regarde. Elles apparaissent d'abord comme des hasards; ensuite, on les découvre sous forme de fluides, d'ondes, de vibrations; après, longtemps après, on voit que ce sont des êtres individuels. L'enfant qui joue du tambour est perçu par la fourmi savante; elle édifie un système et dit : ce bruit est le résultat d'une vibration ondulatoire, qui naît plus particulièrement aux alentours de ces sortes de continents qui s'élèvent vers le ciel à une hauteur vertigineuse; elle dit cela ou quelque chose d'analogue tout comme un académicien. Si elle va plus loin, elle remarque que le bruit est produit par une sorte de géant barbouillé de confitures, qui brandit des baguettes sur un cylindre; elle est alors le mystique mis en présence avec un des habitants de l'Inconnu.

Je commence donc à comprendre que 'je ne sais rien : puissé-je seulement sentir la Vie; ah! je souhaite de toute mon âme pouvoir cela; je sens que tu m'y aideras et qu'ainsi nous nous unirons davantage malgré la matière, malgré le temps.

XX

Théophane a Stella

Mon enfant, soyez dans la paix. Bientôt, je pourrai vous dire : soyez dans la joie. Votre cœur s'est agrand!', il a conçu qu'il pouvait vivre par lui-même ; que la beauté de votre corps, un palais, une ville, des fêtes étaient inutiles et nuisibles au développement de sa puissance essentielle. La force de votre amour a découvert à votre esprit quelques-uns des mystères qui composent la vie véritable. Votre amour a lutté pour celui qu'il aime ; il lui a évité des embûches, il a pris sur lui des nuages, des fardeaux, des chemins rocailleux. Vous allez franchir les portes du monde de l'Amour, vous y aurez le rôle prépondérant, vous serez devenus de deux êtres un seul ; Andréas vous donnera toute sa pensée, vous lui donnerez toute votre âme; ce sera vous la bienfaitrice, mais je puis vous le dire, parce que l'amour vrai s'immole lui-même et s'anéantit dans les abîmes de l'humilité. Vous commencerez à vivre tous deux sous la forme d'un être ailé, resplendissant, immortel ; vous voguerez sur les flots, dans les cieux fluides d'un monde de lumière où les sentiments que nous nommons foi, espérance, charité, sont des substances palpables, nourricières ; vous incarnerez, vous serez une molécule d'une de ces substances du Royaume sacré dont ses palais sont construits.

Vous serez une pierre vivante, intelligente, bénissante, adoratrice d'un des infinis sous lesquels le Père se révèle à ses enfants.

C'est ici que point la première lueur de l'éternité. La langue des hommes ne peut en rendre l'éclat visible. C'est pourquoi le silence devient nécessaire, et si nous communiquons encore ensemble désormais, ce sera par les pouvoirs ineffables de l'Esprit.

SÉDIR.

Fin de la première partie.

23-1-63. — Tours Imp. E. Arrault et Cⁱᵉ.

TOURS. — IMPRIMERIE E. ARRAULT ET Cie

www.ingramcontent.com/pod-product-compliance
Lightning Source LLC
Chambersburg PA
CBHW060625100426
42744CB00008B/1504